子心くすぐる フランスの旅

デリごはん

買うのも、作るのもままごと遊びのように楽しくおいしい！

ロザリオ礼拝堂

この教会で唯一使われた青、緑、黄の三色は、それぞれ空、自然、光を表しているそうです。

ロシア雑貨
なんともいえないレトロなかわいさがあり、夢中になって買ってしまいました。

日本から二時間の極東ロシア旅

プチ
ダーチャツアー
ダーチャとはロシアの人が週末を過ごす菜園付きセカンドハウスのこと。平日は都会で働き、週末はいなかでのんびり畑仕事。そんな暮らしが日本でできたら素敵だろうな。

スカーフおばあちゃん

わたしもかわいくスカーフを巻いてみたいけれど、変装している怪しい人にしか見えないだろうな。

ロシアで見かけた伝統のスカーフおばあちゃん

ロシア街かど

極東の地だからか、どこかのんびりノスタルジックな街並みでした。

スウェーデンの光は透明できれい。大人も子どももみんなが日光浴を楽しんでいたのは、夏の短い北欧ならでは。

「好き」をみつけた
スウェーデンの旅

蚤《のみ》の市で興奮！
デンマークの旅

デンマークの美術館はもちろん、駅のピクトグラム、牛乳パックまでとにかくデザインがよくてドキドキしっぱなし。

お取り寄せができたらいいのにと思うほど、今でも忘れられない伝統菓子。

はじめてなのに
懐かしいポルトガル

長靴下のおばあちゃんがいる街／ナザレ

商売上手なおばあちゃんの笑顔とダンスとペチコートが見たくて、ドライフルーツをいっぱい買ってしまいました。

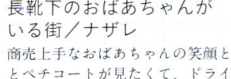

しましまの街／コスタ・ノヴァ

しましま以外には何もないけれど、しましま好きのわたしたちは、終始テンションあがりまくり！　だって、ポストまでしましま！

お城に泊まる／オビドス

城門をくぐると、絵本のページを開いたように、がらりと景色が変わって中世の世界が広がりました。

首都リスボン

路面電車の黄色と、アズレージョ（装飾タイル）の藍色が、わたしが思い出すリスボンの街の色です。

ポルトガル料理

タラコとトマト、マッシュルームとミントなど、意外な組み合わせが新鮮で美味!!

パスティス・デ・ベレンのナタ

元祖エッグタルトを売るこのお店は大人気で常に満席状態。でも、それがうなずけるほど、ここに来なければ味わえないおいしさでした。

雑貨屋

カゴものに弱いわたしは、ティップ・カーオ(炊いたもち米を入れるカゴ)を大量買いしてしまいました。

托鉢《たくはつ》

雨が降っても裸足のオレンジ色の行列は続いていました。

やさしい 気持ちになる ラオスの旅

カフェ

焼きたてのフランスパンやクロワッサンの香ばしい香りが店中に広がっていました。

ホテル

ラオスでこんな洗練されたおしゃれなホテルに泊まれるとは、思ってもみませんでした。

モン族

かわいいモン族の子どもたちの笑顔と見事な手仕事の技を間近で見ることができたのは、貴重な経験になりました。

ラオス料理教室

辛いものも好きなほうだと思っていましたが、ラオス人の先生の作った料理を味見させてもらったら、その尋常でない辛さに涙しまくりでした。

旅先で食べたおいしいもの

フランス

旅の間に一度は、おいしいものを食べようとレストランにおしゃれをしてでかけます。

スウェーデン

留学中の友人宅での朝ごはん。牛乳パックまでが、なんでこんなにおしゃれなの。

ロシア

ペリメニ(ロシア風スープ餃子)は、おいしいのですが、必ず出てくる酸っぱい黒パンが、どうも苦手です。

ポルトガル

ポルトガルにしかない「ヴィーニョ・ヴェルデ」という微発泡ワインがすごくおいしい！

ラオス

カオソイという肉味噌麺の食べ比べをしたのですが、わりとハズレなし。ハーブやとうがらしをちぎってたっぷり入れていただきます。

旅先でみつけた暮らしのしるし

窓

窓の奥にはどんな人が暮らしているんだろうと、想像するのが楽しい。

洗濯物

洗濯物の干し方にも、それぞれの郷土色が出るものです。

ラオス

ラオスの市場には、ハーブや果物、野菜にスパイスだけでなく、生きたニワトリ、焼かれたネズミにイモムシまで売ってます。

マーケット

パリのオーガニックマルシェでは無農薬、有機栽培の食材が揃います。

八重山の太陽と海
家があるわけでもないのに「帰りたい」と思ってしまいます。

自然とともに……
石垣島・宮古島

女おとな旅ノート

堀川　波

幻冬舎文庫

女おとな旅ノート

堀川波

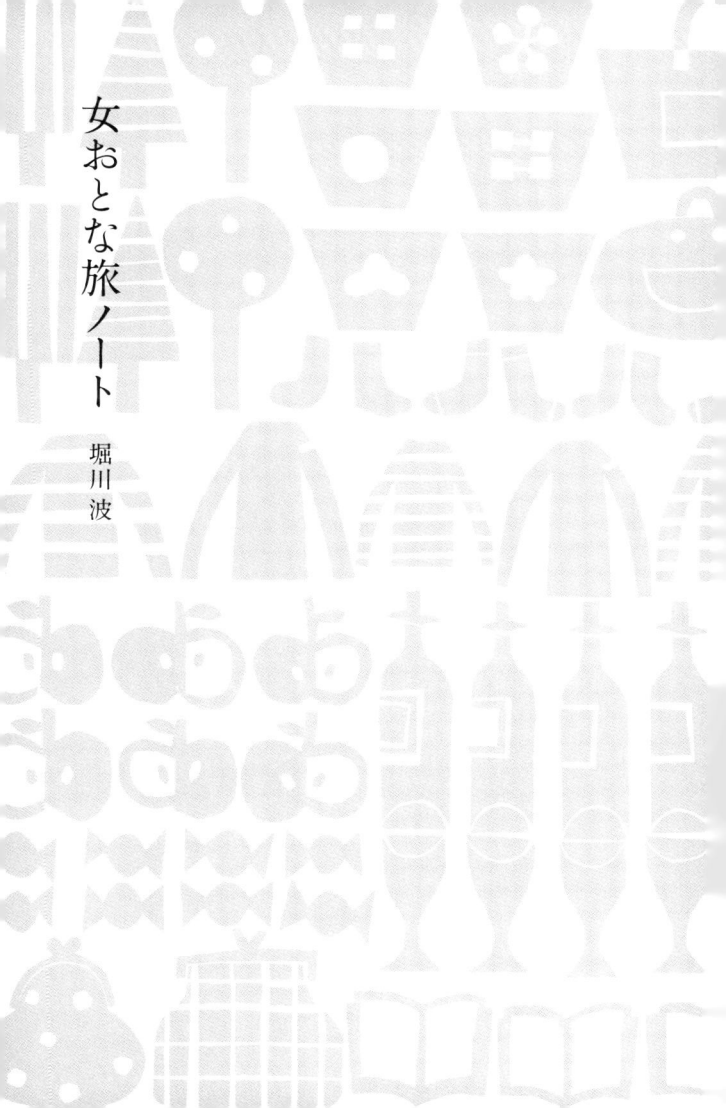

写真　堀川 波・寺岡みゆき
本文デザイン　葉田いづみ

わたしが旅に出る理由

ずっと変わらない自分を確認するために

わたしは、四十歳になりました。二人の子どもの母であり主婦でもあり、見た目だってしっかりぷっくりしわしわのおばさん。でも、旅に出るといつまでも変わらない自分がいるのだなあと思います。

大阪に住んでいた高校生の頃、女の子二人で遊びに行った心斎橋、アメリカ村の古着屋めぐり。ちょっと怖いお兄さんやお姉さんにビビりながらも、「好きなもの」を探すことが楽しくて、毎週のように通っていました。最寄りの駅のショッピングセンターにはないカッコイイ大人への入り口が、アメリカ村にはあるような気がしていたのかもしれません。そのうち青春18きっぷで東京にまで出ていって、地図や雑誌を片手に歩きまわった表参道や青山の街は、本当におしゃれで洗練されていてキラキラしていたなあ！　見るものすべてが新鮮で、体中がドキドキ、わくわくしていたあの感覚をいまだに覚えています。

大人になって女友だちと地図を片手に海外に行くと、そんな少女の頃の気持ちを思い出します。むしろ、やってることも言ってることも、あの頃とまったく同じ！　なんにも変わりません。さすがに体力と財力は高校生の頃と違うけれど、ぐるぐる歩き続けてもお目当てのお店にたどり着けなかったり、偶然入った店が最高に素敵だったり、はじめて見るものに感動したり、高級すぎて入れなかったり……。旅はそれだけで楽しい時間、ぐんぐんエネルギーが満たされる不思議な時間です。

ずっと変わらない自分を確認できるのは、とてもしあわせなことだと思います。いくつになっても、楽しいこと、好きなことをみつけたい、と思えるのは本当にうれしい！　五十歳になっても六十歳になっても、七十歳になっても八十歳になっても、しあわせに欲張りでいたいから、この先もずっと続けていきたい「女おとな旅」です。

ふだんの毎日では気づかないこと

旅の魅力は、非日常の世界に身を置けることも大きいです。わたしの日常をひっくり返し、非日常にするには、家族と離れる、仕事をしない、家事をしない、テレビを見ない……。当たり前の暮らしから、少し離れるだけで、自由になったような開放された気分になります。

しかも旅に出ると、ふだんなら考えられないくらい歩きまわったり、天気に行動を左右されたり、はじめてのものを見たり食べたり、プチ贅沢をしたり、かと思えば切符が買えなくて落ち込んだり、トラブルに巻き込まれて心細くなったりと、体も心もフル稼働。

旅は最初から期間限定だと分かっているから、受け止めたい、吸収したい、という気持ちが強いので、充実した時間になるのかもしれません。

ふだんの暮らしで洗濯物がすぐに乾いてもなんとも思わないけれど、南の島で洗濯物が一瞬の間に乾いたときには「太陽ってなんてすごいんだ！」と空を見上げてしまいます。

旅の間も、もちろん楽しいのですが、帰ってきてからの自分にも、変化があるように思います。恋愛でも会えない時間が愛を育てるように、たった一週間の非日常を経験するだけで、ふだんの日常がたまらなく愛《いとお》しく思えるようになるのです。

一週間ぶりに会う子どもたちの、かわいいこと、かわいいこと。家で食べるごはんのおいしいこと、おいしいこと。

当たり前の毎日に感謝の気持ちが生まれてきます。

新しい自分を発見するために

新しい出会いによって新しい自分を発見するのは、一番わくわく楽しいことです。そのうれしい気持ちを自分の心の中にきちんと整理するために、昔から言葉や絵にしてきました。

たとえば、うんと若い十代の頃は恋をしてふわふわした気持ちを、日記に書いて落ち着かせていました。今日は彼と目が合ったとか、学校を休んで心配だとか、そんなことで一喜一憂できていたのですから、とんでもなく感度のいい心を持っていたのだなあと思います。

その後、結婚して子どもができると、妊娠、出産という自分の心と体の変化や、生まれてきた子どものおもしろい言葉や、かわいらしい仕草を、ひとつも見落とさずに自分のイラストと言葉で残せたらいいなと思うようになりました。

そんなわたしにとって恋愛や子育てと同じくらい書かずにはいられないのが「旅」で見るもの、感じることです。旅の経験がわくわく楽しいのはもちろんですが、旅先では、ふだんできない自分自身との対話ができるのです。忙しい毎日で見過ごしたり、閉じ込めたりしていた新しい自分を発見するきっかけになることが、旅先では何度もありました。

新しい自分を発見するたびに、心のひだが増えていくように思います。旅は、どんなときにも自分の相棒になってくれる「心」をより深く成長させてくれるもの。心を豊かにすると、わたし自身の人生までもが豊かになるように感じています。

Validação Mecânica
€ 2,50
TB2
F
№ 104989
SCOTTURB

2　さあ、出発　日本を飛びだして　49

3 おうちから、もうすこし先まで　121

1 旅の準備もまた楽しい

FREGAT-AERO Co. LTD
организация

КВИТАНЦИЯ

к приходному кассовому ордеру № 03/09
от «3» September 2005 г.

Принято от

Основание RUSSIAN FAMILY
VISIT TOUR
2 PAX

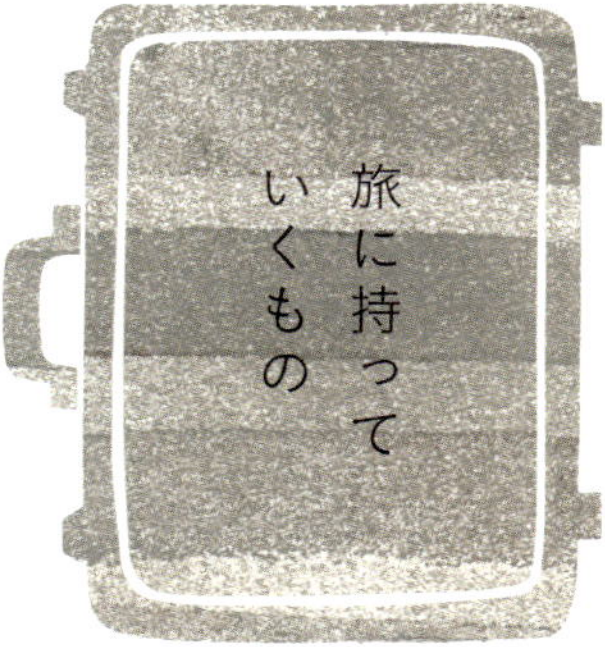

旅に持っていくもの

カメラ

軽くて画質のいいミラーレス一眼

スケッチブック

旅日記にはB6サイズを用意

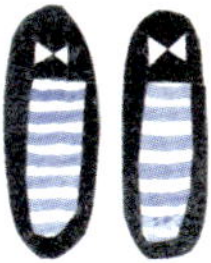

室内ばき

飛行機の中、ホテルの中と使わない日はありません

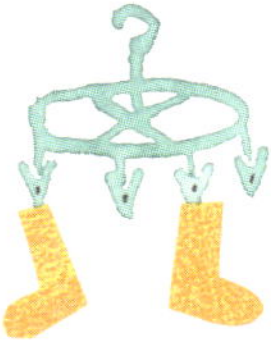

物干し

百円ショップの物干しは靴下やパンツなどを干すのに便利！

指差し会話帳

英語がしゃべれなくても指差しで会話できます！

文庫本

いつでも、どこでも自分の時間が作れます

くすり

腹痛止めと熱冷まし。使わないことを願って

洗たく剤

下着など毎日洗えるものは洗いたい

ガムテープ

送りものなどするときに。パッキング用に

財布3つ

日本円用・米ドル用・二人の食費用と使い分ける

アメちゃん

サクマのいちごみるく、不二家のミルキーは国境を超えて人気！

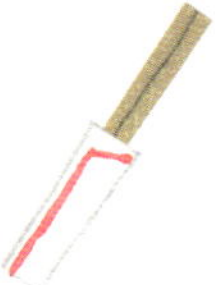

割り箸

ホテルでデリごはんのときなど

インスタント食品

無印良品のフリーズドライ食品は、種類も豊富。味噌汁や緑茶のティーバッグも便利

ハサミ

飛行機に乗るときは、くれぐれも手荷物で持参しないこと！

綿棒

旅行中にかぎって耳がかゆくなるから

ウィンドブレーカー

小さくたためるもので風よけ、雨よけ、寒さよけになるもの

小さめトート

このバッグで散歩すると、旅行者ではなく、地元の人の気分になれます♪

ふろしき

トランク内のすっきり収納に役立ちます

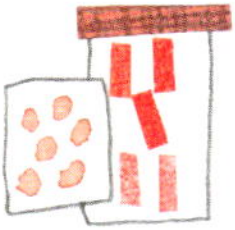

干し梅

なぜか無性に恋しくなる。酔い止めにも

ストール

おしゃれ&防寒&日よけにと、何かと便利

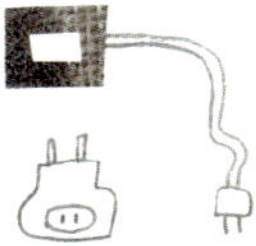

充電器

ケータイ、カメラなど、これがなくては使えません。海外では変換プラグもお忘れなく！

折りたたみ傘

totesの傘がお気に入り

トイレ除菌クリーナー

旅先でこそ、トイレでリラックスしたい

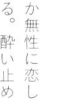

旅のワードローブ A to Z

1日目／7日目（移動着）

旅の行き帰りに着る服

コートやかさばるものは、持っていきたくないので、なるべく重ね着をして温度調節。レギンスやはおりもの、ストールなどを使って工夫します。荷物にならないよう、スニーカーやブーツなどかさばる靴は履いていきます。

A

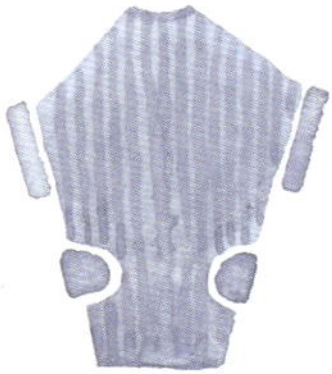

普段着ワンピース

B

七分丈パンツ

C

長袖シャツ

D

小さく収納できる
ウィンドブレーカー

E

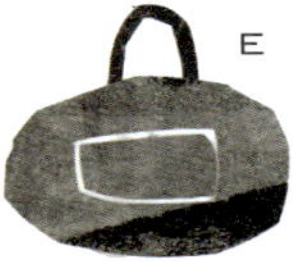

リュックにもなる
バッグ

F

ポシェット

G

スニーカー

H

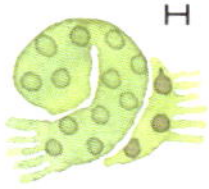

厚手のストール

L
ブラウス
K
カットソー
J
ボーダーシャツ
I
Tシャツ2枚
P
フラット
シューズ
Q
ビーチサンダル
O
カーゴパンツ
N
おでかけワンピース
M
ゴムゆるパンツ
V
薄手の
ストール
U
ベレー帽
T
たためる
つば広帽子
S
アクセサリー
セット
R
おでかけ
バッグ
Z
肩掛け
チャック付き
バッグ
Y
キラキラタイツ
X
下着セット
4日分
W
靴下セット
3日分

2日目

美術館巡り

ぺったんこで歩きやすいフラットシューズは、ワンピースにもパンツにも合わせやすい。しかも、スーツケースに入れても、軽くて場所をとりません。

3日目

トレッキング

小さく収納できるアウトドアブランドのものは、旅にとっても便利！　最近ではタウンユースとしても使えるおしゃれなものもいっぱい。

ホテルの中

ホテルの人に会っても、近くに買い物に行っても恥ずかしくないようなリラックスウェアを選んでいます。下着や靴下は洗いながら着まわします。

4日目

ちょっとすてきなレストランで食事

旅先でも一度くらいはおしゃれをして、おいしいものを食べてみたい！　しわにならないワンピースを一枚と、キラキラタイツ、アクセサリーがあるとぐっと華やかに。

5日目

露地裏探検

地図も持たずに身軽に露地裏探検。どんなに歩いても疲れないようカーゴパンツにスニーカーで、でかけます。日よけ用のストールと、カメラをお忘れなく！

6日目

お買いもの

とりあえずボーダーシャツが一枚あると、おでかけモードにも元気モードにも着まわしがきいて便利です。色さえ気をつければ街へくりだしても、しましまおしゃれさん！

旅の鞄あれこれ

リモワのスーツケース

実はわたしは自分のスーツケースを持っていません。母が十五年以上は使っているリモワのスーツケースを借りています。旅に行くのは二、三年に一回なので、高価な買い物であるスーツケースをなかなか買えずにいるのです。母も旅行好きなので、家族の誰よりもこのスーツケースが世界中を旅してきてると思います。

RIMOWA

憧れのグローブトロッター

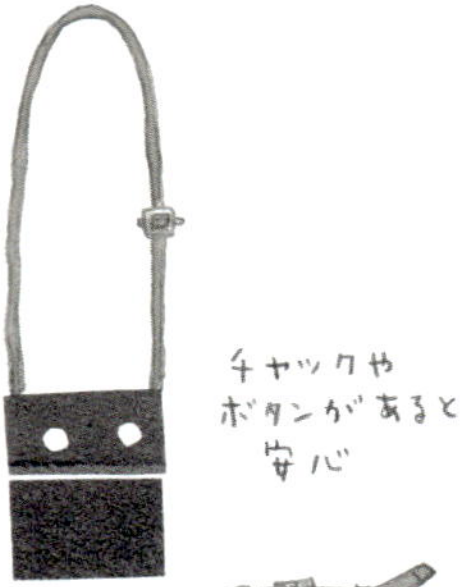
チャックやボタンがあると安心

大事なもののポシェット

大事なもの（パスポート、財布、携帯電話）を肌身離さず持っていられるバッグは旅の必需品。とくにわたしは忘れたり、落としたり、なくしたりすることがしょっちゅうなので、子どものように肩掛けポシェットが必須。寝てるとき以外は持っているような気がするくらいです。軽くて小分けのチャックがたくさんついているポーターのポシェットを使っています（これは夫からの、借り物）。

パタゴニアのダッフルバッグ

パタゴニアのダッフルバッグは、旅にとても便利です。軽量で、たためばDVDレンタルの袋に入るくらいの大きさなのに、開けば三十五リットルという余裕のある容量なので、機内持ち込みバッグに最適です。しかもバックパックにもなるというすぐれもの。旅先でのトレッキングやアウトドアにも使えます。

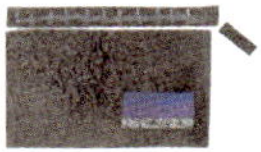

ポケットの中に収納できます

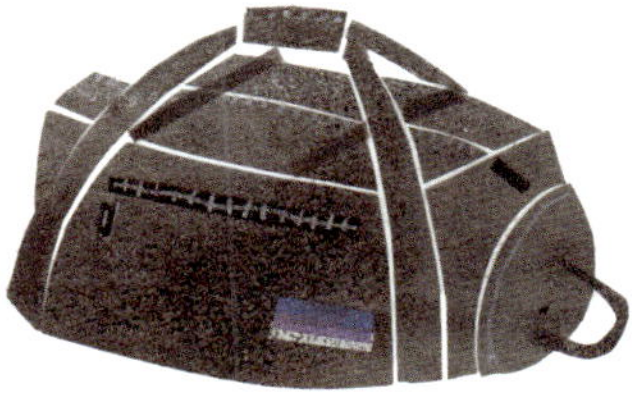

肩かけチャック付き大きめバッグ

現地での街探索には、ガイドブック、地図、カメラ、ペットボトルなど、重いけど必要なものがけっこう多い。両手はあけておきたいので肩から掛けられて、盗《と》られる心配のないようチャックがついた大きめのバッグは、現地での必需品。お気に入りの雲柄のバッグをスーツケースに入れて持っていきます。

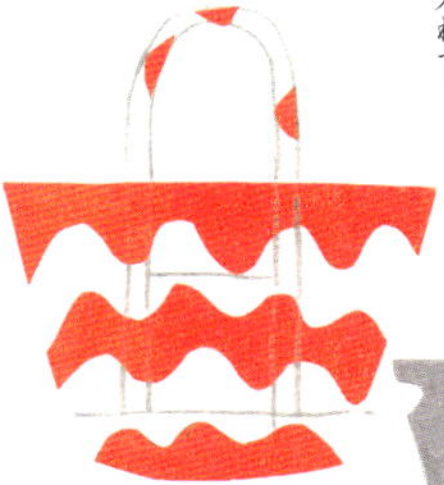

marimekko

FARG & FORM

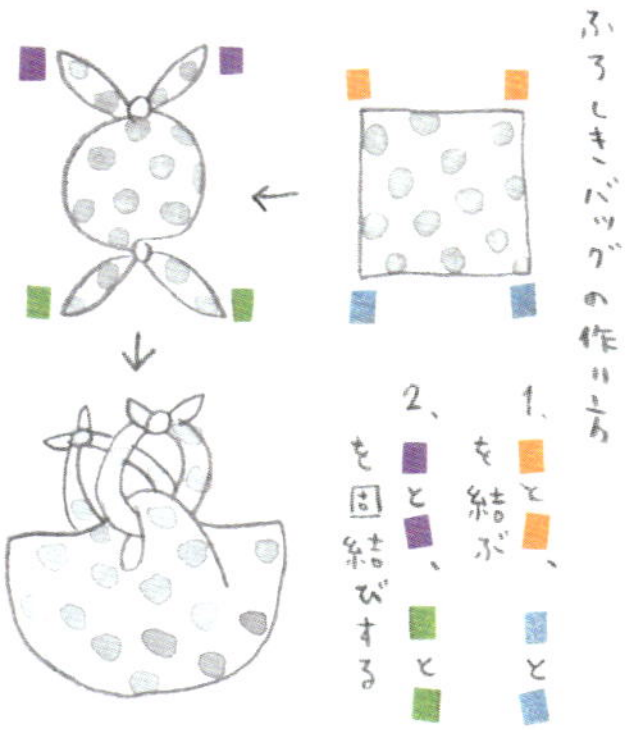

ふろしき

ふろしきは、二、三枚持っていくと便利です。スーツケースを収納するときの内蓋がわりにもなりますし、衣類を包んで仕分けるのにも使えます。海や山へいったときに敷物がわりにもなります。結び方を覚えておけばバッグにもなりますよ。

ポーチいろいろ

鞄の中で迷子になりやすい小さなものを入れておけるポーチ類は、いくつあっても便利。リップやグロス、ハンドクリームを入れるお化粧ポーチ、飴やガムを入れるお菓子ポーチ、鍵や携帯を入れる大事なもののポーチ、ペン、テープ、消しゴム、ハサミなどを入れる文房具ポーチなどがあります。

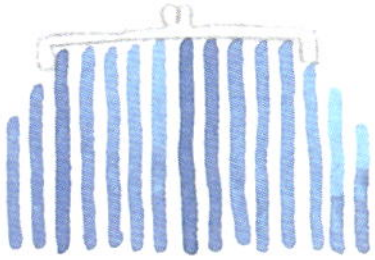

機内持ち込みグッズ

お手入れセット

乾燥する飛行機内に座ったらまずメイクオフ！　席に座ったままで手軽に化粧を落とせるクレンジングシートが便利です。あとは、保湿美容液とリップクリームをこまめにつけて乾燥を予防します。

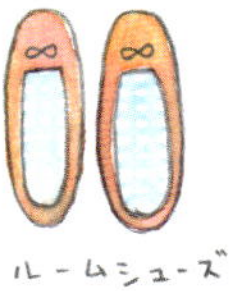

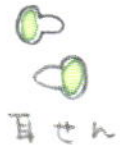

ぐっすりセット

ただでさえ眠りにくい機内。少しでも、快適に眠れるようにしたいもの。わたしがこのセットにプラスするのが、食事のときにいただくビール！　少しでも眠れると、あとが楽です。

リラックスセット

移動のときは、確約された自分の時間でもあります。好きな曲を聞きながら読みたかった小説を楽しむにはもってこいです。家族や仕事を、ひととき忘れてみて下さい。

旅の記録セット

飛行機に乗ったときから旅はもうはじまっています。機内食をカメラでパチリ。窓の外の景色を見て感じたことをノートに書いて……。

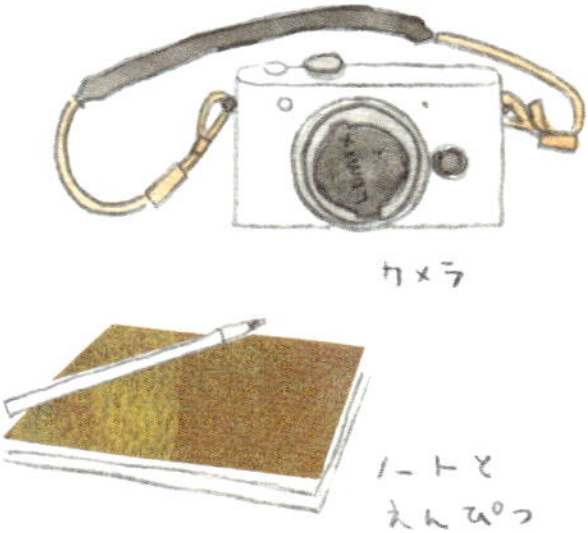

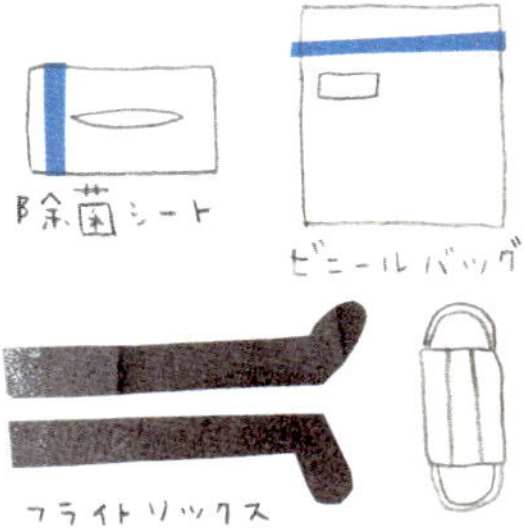

あると安心セット

一度、足がむくんでブーツが履けなくなった経験があるので、冬場のフライトはむくみ防止ソックスがあると安心。使わないに越したことはないけどあると安心なので、このセットは、いつも入れています。

予習セット

これから行く先のガイドブックはしっかり読んでおきたいもの。気になるお店や場所はふせんを貼ってチェック。地図を見ながら飛行機を降りてからの段取りや交通手段も考えておかなくては。

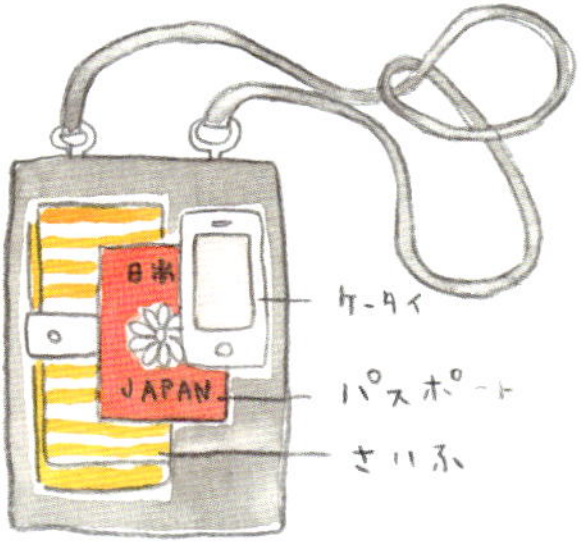

肌身離さずセット

パスポートとお財布と携帯電話、この三つだけは肩掛けポシェットに入れて、トイレに行くときでも肌身離さず持っています。何かあっても、この三つさえあればなんとかなるはず!

旅コスメ

基礎化粧品

なるべく軽い荷物にしたいと心がけているので、ふだん使っているものを、小分けのプラスティックケースに詰め替えて持っていきます。シャンプーも同様に、いつもと同じものなので安心できます。

サンスクリーン

四十歳を超えると、日焼けの結果がすぐに肌に出てきます。一年たっても二年たっても焼けた肌はもとの色に戻らず、シミは増えるいっぽう。サンスクリーンをせっせせっせと塗ってます。

フェイスパック

家事もしないし、テレビも見ない旅先での夜は長い。なので日常ではなかなかできないパックを念入りにする余裕が生まれます。

入浴剤

ふだんよりも歩きまわるので一日の終わりにはクタクタ。体の疲れを取るためには毎日湯船につかりたい。

アロマオイル

万が一、宿泊するホテルが残念な部屋だったときのために、アロマオイルは持っていきたいもの。気持ちのいい香りの空間を作って、少しでも気分を上げます。

免税店でお買いもの

免税店でひとつ、新しい化粧品を買います。マスカラだったり、グロスだったり、アイライナーだったり。買いたてのものが、ひとつあるだけで毎朝の化粧がワクワクするのはわたしだけ？

旅のお薬

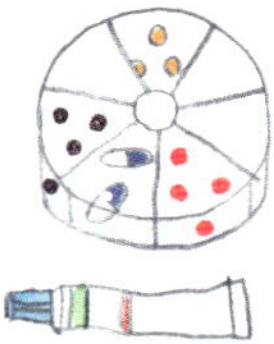

常備薬

風邪薬、熱冷まし（痛み止め）、胃腸薬の三種類を持っていきます。今のところ、旅先で薬のお世話になったことはないのですが、用心に越したことはありません。

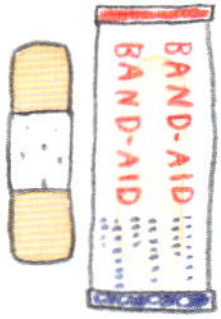

ばんそうこう

海外のドラッグストアでかわいいバンドエイドを買うのもお楽しみのひとつ。おみやげにも喜ばれます。

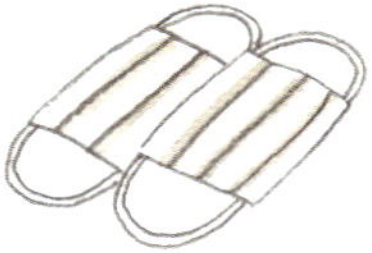

使い捨てマスク

排気ガスがすごかったり、のどがイガイガしたり、ホテルの乾燥がひどかったりと、何があるか分からないので持っておくと便利です。

ティッシュボックス

もしもホテルの部屋に箱入りのティッシュがないと、鼻炎のわたしにはとてもつらいのでいつもトランクにひと箱入れてます。海外のティッシュは質がよくないので、こればっかりは日本製が一番！

粉末スポーツ飲料

とくに東南アジア方面に行く場合、万が一食あたりで脱水症状になったときのために一応用意しておきます。

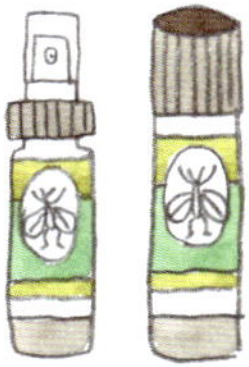

虫よけ、虫さされの薬

どちらかを持って、どちらかを忘れる確率が高いので、セットで持っていくことを忘れずに！

「好き」が旅の道先案内人

旅に出て知りたいのは、ふつうの人の暮らしです。どこにでも「暮らし」は必ずありますから、いつも旅先をどこに決めるかは、適当だったりします。まったく興味もなく縁のない場所でも、行ってみると楽しいものです。

あるときは、水玉模様を探しにロシアに行ったり、またあるときは「ミニスカートにハイソックスを履いたおばあちゃんがいっぱいいる街があるらしい」という情報を小耳にはさんでポルトガルに行ってみたり。

当たり前ですが、はじめて行く場所は自分の知らないことだらけ。ほんの少しでも、そこに住む人の暮らしや習慣に触れることができると、わたしの旅は満足です。

どこに行っても「好きだなあ!」と思うものは必ずみつかります。ポルトガルの市場に行って、お店のお母さんたちみんなが着ているエプロンが、「もしかしておしゃれなのでは?」と気になる↓エプロンを探しに街中を歩きまわる↓市場の隅に売られていたエプロンをワンピース風に着て、街を観光する↓みんなに声をかけられ(笑われ?)うれしかった、という思い出があるのですが、「エプロン」との出会いは今も続いています。

世界中のどんなところにもエプロンは必ずあるものです。使う人、使い方によっていろんなデザインがあるので、エプロン蒐集《しゅうしゅう》という趣味がひとつできてしまいました。

「好き」には、「好き」を呼ぶ性質があると信じています。ひとつ「好き」をみつけると、それを追いかけているうちに、次の「好き」につながっていきます。知らず知らずのうちに「好き」が旅の道先案内人になってくれるような気がします。

ガイドブックを開かない一日

小学生の頃、「曲がり角でじゃんけんをしてどちらに進むかを決めるゲーム」で探検遊びをするのが好きでした。いつも遊ぶ仲良しの女の子と二人、放課後になるとふらふらと自転車に乗って、住宅街の曲がり角のたびにじゃんけんをしては、知らない道を進んでいく遊びです。するとかわいい子犬を飼っている家をみつけ、勝手に名前までつけてかわいがったり、好きな男の子の家を発見したり……自分の街に知らないことがいっぱいあるのがとてもおもしろかったのでした。

わたしはこの遊びで「どちらに進んでも、どこに行っても楽しいに決まってるし、どこだって、自分の家につながってるから安心なんだ」という変な自信をつけてしまったので、旅先で道に迷うのも、直感だけを信じてお店に入るのも、あてもなくふらふら思いつくまま歩くのも、大好きです。

ガイドブックを開かない、目的地を作らない、そんな一日が旅の中にあってもいいなあと思います。

ひらひらなびく洗濯物、子どもが遊んだ後なのか公園にきれいに並べられた小石、昼間からひだまりでチェスをし続けているおじいちゃんたち……。旅を思い返したとき、気ままに歩きながら見た風景が、どんな有名な建物よりも心に残っていたりします。

いっしょに旅するのは、誰でもいいわけじゃない

さて、旅を誰と行くか？　これは大きな問題です。わたしにとって、旅の最大の目的は「自分自身を感じること」。こんな当たり前でふつうのことが、時間に追われるふだんの暮らしではなかなかできないものです。

わたしが自分自身を感じるために一番大切だと思っているのは、「気持ちをひとりきりにすること」。それなら、最初からひとり旅に行けばいいとなりますが、四十歳子持ち女のわたしにそこまでのガッツはなく……。何をするのもはじめてで、何を見ても感動していた十代の頃はできていたひとり旅も、今はできそうもないのが正直なところです。

家族といっしょなら南の島でのんびりする旅がいいなと思うし、母親とならすべておまかせの観光地をめぐりながらおいしいものを食べるバスツアーも楽しいなあと思います。

そんな旅ももちろん大好きなのですが、肝心の「感じること」が、そういう旅ではなかなかできなかったりします。子どもを一番にとか、次はあそこに行

かなきゃ、など優先するものが自分ではないからでしょうか。それ以前に、家族にはついつい甘えが出てしまうので、気持ちがひとりきりになれないんですよね。

家族旅行のよさもひとり旅のよさもそれぞれ知ったうえで、「今の自分」を感じる旅に一番ふさわしいパートナーが、「女友だち」なのです。ガツガツせず、セコセコせず、ゆるゆるしみじみと大人旅をできるところがいいのです。

いっしょに行動していても、「ひとりひとりのふたり」を感じられるのは大人の女友だちならでは。男女間にはない、さっぱりした関係をキープできます。

旅先で「じゃあ、今日は別行動にしよう」なんてのももちろんありです。女二人旅は、ある意味ひとり旅にも近いかもしれません。

それでいて、かわいいもの、おいしいもの、素敵なもの、かっこいいものには、キャーキャーキャー共感できるのですから、これほど自分を感じることに適しているパートナーはいません。

「はんぶん　はんぶん」にできる女友だち

旅をするなら女友だちが一番！　と思っているわたしですが、女友だちなら誰でもいいというわけでもありません。二人のルールの中の「はんぶん　はんぶん」が自然にできる関係がうまくいく秘訣かも、と思っています。

わたしの旅のパートナーは、カメラマンのみゆきちゃん。同郷で同じ大学出身なので、かれこれつきあいは二十年になります。二人ともフリーランスで仕事をしていて働く環境も似ているので、世間の休みに関係なく旅の日程が組めるのもいいところです。

旅を重ねてきて思うのですが、海外で相手を頼りにしすぎるのは完全にNG。道を聞く、メニューを注文する、値段を聞く、こんなちょっとしたことの積み重ねでさえ、かなりストレスのもとになってしまいます。こういうことが好きな人、得意な人ももちろんいると思うのですが、残念ながらわたしたちは二人とも、英語すら話せないし、おまけにシャイ。同じくらい積極性がなく、適当な性格だからこそ、一度もケンカもせずに旅ができているのかもしれません。

でも、悪いところばかりが似ているのではなく、同じくらいポジティブで、「楽しいなあ！」「最高やなあ！」「来てよかったなあ！」と言い合いながら眠りにつくこともあります。

わたしたちは、どちらかがしっかりもので、どちらかがついていくという関係ではなく、二人とも「しっかりもの」と「へなちょこ」な部分があることを認め合っているので、けっこううまくいっています。

こちらが弱ると、あちらがしっかりし、あちらがぼけると、こちらがつっこむ。その都度その都度、立ち位置をくるくる変えるという技が、自然に身についたのかもしれません。わたしたちが、なんでも「はんぶん　はんぶん」にできるコツはこのあたりにあるのかも……。

ママ財布

もうひとつ旅先で忘れてはいけない大事なことがお金について。お金にきっちりしたい人は、相手もきっちりしたタイプでないと、とてもつらそう。旅先でお金は出ていくばっかりですから、気になりだすとずーっと旅の間中、楽しめなくなってしまいます。どんぶり勘定の人は、どんぶり勘定同士がラクです。

わたしたちはふだんからきっちり割り勘にするより、「さっき出してもらったから、次出すね！」というタイプ。

でも旅先で、いちいちそれをするのも面倒なので「ママ財布」というものを用意しています。それぞれ決まった金額ずつ入れておけば、そこから二人分の食事代、移動費などを出していくので細かい割り勘は必要ありません。もちろん自分の買い物は、自分の財布から出します。お金に対する価値観が近いことも、旅先では重要なことですね。

結婚後の海外旅行

小さい子どもを預けて女友だちと海外旅行に行くというと、必ず人に驚かれます。

そりゃあそうです。その間、子どもは誰に預けるの？　だんなさんのごはんは？　仕事は休んで大丈夫？　たいていの人は自分がいない間の家のことをあれこれ手配するほうが面倒で、たとえ行っても子どものことが気になって、とても旅行なんて楽しめないかもしれません。

たまたま、わたしの場合は結婚して十年間は、だんなさんが育児も家事も完ぺきにこなす「主夫」で、わたしのほうが働いていたので、仕事の調節をして子どもに納得してもらえれば、いつでもどこでも旅に行けたのでした。

イラストレーターという仕事柄、感性を刺激してくれる旅は大事、という理由も周りの人に理解してもらいやすく、誰にいやな顔をされることもなく「女おとな旅」に送り出してもらえました。

ただ、夫がサラリーマンになったここ数年は、旅はお預けになっています。

でもわたしには第二の希望の光がキラーンと見えています。それは、離れて住む実母の存在。今はまだ現役で働いていますが、そろそろ定年退職する予定なので、数年後には復活できそうな予感……。

「いってらっしゃい」と気持ちよく送り出して留守を預かってもらうためには、おいしいものやら、素敵なものを今からせっせ、せっせとプレゼントしたり、一日いくらでお願いしますという現実的な予算も、猫なで声でにおわせなければ……。

何より、母が喜んでくれる、わたしが仕事をがんばる姿を見せて、どどーんと株をあげておくことが重要なんですよね。

旅にテーマを作る

隠れテーマでいいのですが、旅に小さな目的があると楽しいです。これまでわたしがしてみたのは、市場めぐり、水玉模様探し、カオソイ(ラオスの肉味噌麺)の食べ比べ、古い工作本探し、スカーフを巻いたおばあちゃんの写真を撮る、アンティークボタン探し、切り紙探し、チョコレートの包み紙集め……。ちなみに、旅の相棒みゆきちゃんは、世界中のキットカットを集めています。味もパッケージも国によって違うのがおもしろいのだそうです。

小さな楽しみがまったく知らない土地と自分との接点をみつける近道になってくれる気がします。

お店の人になんとなく「かわいいものが欲しい」と言っても、自分の好みのものには出会えませんが「水玉のものが欲しい！」と言うと「ここにはないけど、あそこにはあるかもよ！」なんて、教えてもらえることだってあります。こちらの気持ちがクリアだと、相手の反応もクリアになるものです。

旅先では、ふだんよりもドラマチックになっているので、ガイドブックに載っていない知らない店を教えてもらったら「行ってみよう」という冒険心にも火がつきます。

あるとき、旅先で知り合ったサウジアラビア人におすすめしてもらった店を探していたのですが、なかなかみつからないので、通りがかりの自転車に乗った少年に道を聞いたら、「もっとあっちだよ」と指をさしてくれました。

その日は暑く、太陽がジリジリと容赦なく照りつけていて、おまけに限られた時間しかなかったので、教えてもらった方向に十五分歩いてみつからなかったら引き返そうと決めていました。

残念ながらお店をみつけられなかったのであきらめて帰ろうとしたら、先ほどの少年が道のはるか先で、わたしたちに向かって「こっち、こっち」と手招きしてくれています。

こんなに暑いのに、わたしたちが無事にたどり着けるか、気にかけてくれているのです。そんな少年の気持ちにこたえたくて、暑さでへろへろになりながらも歩き続けました。

お店をみつけられたことよりも、やさしい少年の姿をみつけたことのほうが、何倍もうれしかったです。思い出すと、今でもほわりと心が温かくなります。まっすぐな気持ちは、言葉や文化が違っても、伝わるものだと実感しました。

旅先でドアを発見

わたしは、旅に出る前に旅先で開いてみたい〝ドア〟を探すのが好きです。方法はインターネット。ネット検索はすごいと思います。家にいながら旅先の自分のドアをみつけることができるのです。

おいしいランチ、評判の店、泊まりたいホテル……。しかもその場所の地図から行き方まで出てくるのですから、本当に便利です。あとはただ、自分が現地に行ってそのドアを開くだけ！

誰もが欲しい情報だけでなく、マニアな情報まで探せるので、自分のためだけにあるようなドアを発見したときには、運命の赤い糸をみつけたような達成感さえあります。

わたしは地域の手仕事に興味があるので、必ず「旅先の地名　手仕事」と検索します。少しでも興味のあるものが引っかかったら、すぐにチェック&問い合わせメールをします。運よく旅先で手仕事を習える場所がみつかると本当にうれしいです。ネットでの出会いが、現実の世界の出会いになったときのうれしさは倍増です。人と出会うことは、何よりのパワーになります。

だいたい地域の手仕事を教えてくれるのは、おじいちゃん、おばあちゃんだったりするのですが、今まで出会ったどの方もやさしくて温かい。「わたしもこんなおばあちゃんになろう！」と何度誓ったことか。

ふだんは道を聞くのも恥ずかしいと思っているわたしですが、好きなものに関してだけは積極的に動けるようです。

されど情報はあったほうがいい

旅にいっしょに行くみゆきちゃんが、下調べをあまりしないタイプなので、旅のプランを立てるのはわたしの役目です。

旅の下調べで心がけているのは、現地のリアルな情報を集めること。現地に住んでいる海外赴任中や留学中の人のブログ、最近行ったばかりの人の旅行記ブログは要チェックです。もしも分からないことや教えてほしいことがあればダメもとで、直接メールで質問だってできるのですから。わたしも何度かコメント欄に質問して、教えていただいたことがあります。

もうひとつ、「画像検索」もよく使います。ラオスの料理教室を探していたときも、いくつか主宰しているレストランがあって迷っていたのですが、画像検索すると、好みのテーブルセッティングの雰囲気が分かるので、すぐにお目当てのレストランを決められました。

ただ、インターネットがどれだけ便利でも、がっちがちに旅の予定を決めないようにしています。旅ゆえの偶然の出会いも大切にしたいですから。

でも、すべてがいきあたりばったりというのも、考えものです。北欧に行ったとき、布屋さんや本屋さん、博物館の事前調べは完ペキだったのですが、レストランをまったく調べなかったら、一度もおいしいものに出会えませんでした。北欧に行ったのに、タイ料理や中華料理ばかり食べていたというトホホな経験が……。

下調べでは、こんなこともできるんだ、こんな場所があるんだ、と知っておくことが大事だと思うので、情報だけはたくさん持っていくようにしています。

移動するとなぜかわたしは元気になる

わたしの勝手な思い込みなのですが国際線の飛行機では、ふつうと違う流れの中にいるような気がします。コチ、コチ、コチ、と一秒一秒進むはずの秒針が、移動している時間はぐるぐるぐるぐる秒針が回っているだけで、時間が進んでいないような感覚がするのです。

座っていることしかできないからか、いつもの時間に追われる自分とは違う、素のままの自分を感じることができるようです。

飛行機の小さな窓から見える地上にはない景色。何万人もの人が暮らす星空のような街の灯《あか》り、朝のオレンジと夜の青が溶けあったような不思議な太陽の光、神さまがいそうな白い雲の世界……。

いつまでも飽きずに景色をぼうっと見ながら、自分の思いつくことを、思いつくままに感じる。たったそれだけなのですが、わくわくして、この何もしないのに満たされる感覚がたまらなく好きなのです。

目的地に着くまでの移動時間も、旅の大きな楽しみです。

2
さあ、出発
日本を飛びだして

ホテルでデリごはん

旅先のデパ地下や惣菜屋さんで好きなものを買って、ホテルの部屋でくつろぎながら食べる、通称「デリごはん」も必ずやることのひとつです。その国のおふくろの味が堪能でき、外食ばかりで偏った野菜不足を解消できるのもいいところです。

パリでは、キッチン付きのアパルトマンだったので、日本ではなかなか食べられない食材をマルシェで買って料理をしました。

フェンネル、ブラウンマッシュルーム、ポロネギ、ドライトマト、ブルーチーズ、トマトジャム……。ヨーロッパでは春を告げる野菜として人気のあるホワイトアスパラガスは、見るのも食べるのもはじめてだったけれど、甘くておいしかったなあ！……忘れられない味です。

もうひとつ、はじめて食べたアーティチョーク。「これの、どこを食べるの?」という感じでしたが、ちょうどパリに留学中の料理上手な友人が、丸ごとゆでて葉を一枚ずつ取って歯でしごきながら食べるんだよと教えてくれました。味は、ほくほく甘くて百合根《ゆりね》に似ていて、食べるのが面倒なところは栗に近いかも。

食べたことのないものに挑戦するのが楽しいデリごはん。たとえ失敗したとしても、焼きたてのバゲットとバター、生ハムにおいしいワインさえあれば、なんとでもなります。

憧れのマチスとピカソ

南フランスのコートダジュール。ニースのバスターミナルから山道を揺られて小一時間ほどでヴァンスという街に着き、歩いて十五分くらいの場所にロザリオ礼拝堂があります。

画家マチスが七十七歳を超えてから四年もの歳月を費やして作り上げた教会

ロザリオ礼拝堂
CHAPELLE DU ROSAIRE
466 Avenue Henri Matisse, 06141,
Vence, France
tel : +33 4 93 58 03 26

で、十代の頃にテレビで見てから、ずっと行ってみたかった場所です。

白いタイルに描かれた母子像の絵は黒の輪郭だけで、目や、鼻、口は描かれていません。色はステンドグラスの、黄(太陽と神の光)、緑(自然)、青(地中海の空)の三色のみです。

究極のシンプルな空間に降り注ぐ明るい光は、日本から来た無宗教のわたしも、やさしく包みこんでくれました。この光を浴びるだけで、すべての人がしあわせな気持ちになれると思います。

前の日にニースのマチス美術館で見た、神父の司祭服の切り紙絵が、本物の衣装になって展示されていました。それがピンクやグリーンのビビッドカラーでかわいいのなんの。六十年以上も前にデザインされたとは思えないほど斬新で、現代的です。

わたしは切り紙に興味があるので、マチスの切り紙を間近で見られたことは、すばらしい経験になりました。マチスの切り紙は、ひと筆書きのようにチョキチョキ、スパスパ、フリーハンドで思うままに潔く切っているイメージがあったのですが、よく見るとつぎはぎが何カ所もあり、どんな人でもひとつの形に

マチス美術館
THE MATISSE MUSEUM
164, av. des Arènes de Cimiez
06000 Nice, France
tel：+33 0 4 93 81 08 08

行き着くのは簡単なことじゃないんだと感心しました。

ニース郊外には、アンティーブ・ピカソ美術館もあります。ピカソがしましまのバスクシャツを着てパンを持つ手をテーブルに置いた写真がありますが、ここはまさに、しましまシャツを着たピカソに会えそうな場所です。怖い顔や深刻な顔のピカソではなく、明るくほがらかなピカソに会える美術館です。

パリやアンティーブのピカソ美術館で作品を見てつくづく感じたのは、ピカソの生きるエネルギーはハンパじゃないということ。完成させるよりもむしろ、できあがるまでの途中の時間を楽しんでいるようにさえ感じました。

この美術館を全部見終わった頃には、「どんなときも、人生のまっただ中なのだから、ピカソみたいに何度でも何度でもやり直して、自分の気が済むまで、もっともっと今を楽しまなきゃ！」という気持ちになり、むくむく元気が湧いてきました。

ピカソを見てわたしが勝手に悟った生きる教訓は、いくつになっても、ミーハー心と異性を意識する心と蒐集マニア心を持ち続け、偶然や運を見逃さない

ピカソ美術館
Musée Picasso
Château Grimaldi, 06600
Antibes, France
tel：+33 4 92 90 54 20

で、自分のものにするってことです。

妊婦・inパリ

おすすめできることではありませんが、わたしは妊娠安定期に旅行に行きました。わざわざ妊娠中だから行こうと思ったわけではなく、仕事をセーブしていたので長い休暇をとりやすかったのです。

ひとり目のときはハワイと沖縄。二人目のときはパリに。主治医に「八日間くらいパリに行ってもいいですか」と相談したら、笑いながら母子手帳に大きく「食べ過ぎ注意！」と書いてくれました。

おなかに赤ちゃんがいるせいか、パリでは、かわいいベビー服や雑貨が街のあちこちで目にとまりました。そのたびにお店に吸い込まれるように入っては手にとって、配色や柄のセンスのよさや、デザイン、素材の質のよさに胸がキュンキュンときめきました。日本ではベビー服といえばピンク、水色、黄色などのパステルカラーが目立ちますが、パリでは大人も着たいようなシックなスモーキーカラーの新生児の肌着をたくさんみかけました。素敵なものを見ると、自分自身の作りたい欲求もむくむく刺激され、生地や材料屋さんめぐりをして、トランクに入りきらないほど買い込んで帰りました。

どこへ行ってもみんなが妊婦にはやさしく、親切にしてくれて、温かい交流ができるのもありがたかったです。ポンピドー美術館では、学芸員のおばさんが、「何カ月なの？　少しここに座って休憩しなさい」と、ミネラルウォーターのペットボトルを手渡してくれたこともありました。

日本に戻ってからは、巣ごもりする親鳥のように、せっせせっせとおなかのわが子のためにスタイ、ベスト、ぬいぐるみ、おくるみなど、いろんなものを作りました。

母子ともに元気だったからできたことですが、妊娠中というのはとくべつな感性があるので忘れられない旅になっています。おなかの中で海外旅行を経験した子どもたちも、わたしが話をするせいか、すっかり行った気分になっているのがおもしろいです。

水玉探してあっちこっち

そもそも、なぜ極東ロシア（ウラジオストック、ハバロフスク）に行くことになったかというと「ロシアには水玉模様がいっぱいあるらしい」ということを聞きかじったのが理由です。しかも新潟から飛行機でたった二時間なら、国内旅行気分で行けるねと軽い気持ちで出発したのでした。

いざ行ってみると、東京から新潟まで時間がかかったり、実際ロシアに多いのは水玉柄ではなくてバラ柄といちご柄だったりしたのですが、そんなことはどうでもよくなるくらい、近くて遠い異国でした。

街中に出て何よりも驚いたのは、どこに何屋があるのかがまったく分からないことです。どのお店も、ほとんどウィンドウディスプレイがなく、マジックミラーで覆われていいます。しかもドアは二重になっていたり半地下だったり、節電のせいかものすごーく薄暗い。かなりの勇気を出してドアを開けて入ってみると、ぱーっと明るい店内にお客さんがわんさかひしめき合っています。どのお店も、ドアを開けるまで何屋なのかが分からないという、びっくり箱を開けるようにスリル満点なのです。

また買う際は、先にレジに行ってお金を払ってからレシートと商品を交換するというややっこしい手順で、周りの人のまねをしながら身振り手振りでティーカップ、エプロン、文房具などたくさんの商品を手に入れました。そして、「何とかなるものだね～」とみゆきちゃんとかなりの達成感&満足感を味わいました。

ウラジオストックで売られていた雑貨は、どれもチープでレトロ！　印刷がずれていたり、紙質がザラザラだったり。陶器の底もテーブルが傷つくんじゃや？　と思うくらいガタガタだし、生地もぺらぺら。でも、そのギリギリの感じが独特でかわいいのです。

行く前にネットで調べていた極東ロシアの情報は、ホテルの水道からは茶色い水が出る、すぐにおなかをこわす、シャワーのお湯が出ない、トイレは汚い、スリが多くて治安も悪い、食べ物は油っこくて塩辛い……と暗い気持ちになる内容が多かったのですが、それはすべてあたっていませんでした。

たくさん持っていっていた除菌シートも、ファブリーズもインスタントラーメンも使わずじまい。街は想像以上に都会で、人がたくさん行き交っていました。若い人や赤ちゃん連れの家族が目立っていましたし、女の子たちが本当にきれいなんです。金髪で手足が長くて、スタイル抜群。ただ身に着けている洋服のセンスがイマイチなのが、女子的にはさみしく感じましたが、街としては生き生きした印象を受けました。

ホテルも清潔で快適でしたし、食べ物は言葉がまったく分からないのでオーダーするのは大変でしたが、ピロシキもボルシチもペリメニ（ロシアの水餃子）も野菜たっぷりでおいしかったです。市場で飲んだ生ビールも、きんきんに冷えていてのどごし最高！

ホテルのテレビではＮＨＫも映るし、時差もあまりありません。こんなに日本と近いのに、まったく違う人種の人が、違う文化の中で暮らしていることに、不思議な感覚をおぼえました。

シベリア鉄道の四人部屋

極東ロシア旅行で日本にいるときから一番楽しみでもあり、不安でもあったのがシベリア鉄道で一泊することでした。夜の八時にウラジオストックを出発しハバロフスクに着くのは朝の十時二十五分、約十五時間の列車の旅です。

しかも狭い狭い二等寝台コンパートメントは、二段ベッドが二つある四人部屋。下段の広いほうのベッドを予約していたのですが、ロシア人と相部屋だったらどうする？　なんて言いながら自分たちの部屋番号を探しあてると、案の定、海軍の制服を着て帽子をかぶったロシア人のおじさんが二人、先客でいらっしゃるじゃああーりませんか。

向かい合わせにベッドに腰掛けたら膝《ひざ》と膝がぶつかるほど狭い密室で明日の朝までこのおっちゃんたちといっしょか〜と思うとおもいっきりブルー……。

この部屋にはいられないと、レトロな雰囲気の食堂車でお茶をして時間をつぶしていると、途中の停車駅でみんながぞろぞろとプラットホームに降りていくのに気がつきました。なんだなんだとついていけば、ホームにエプロンをかけたおばちゃんたちがずらりと並び、ピロシキ、干した魚や野菜、ケーキにワイン、ビールなどいろんなものを売っていました。これが縁日のようで楽しいのです。いろんなものを買いこんで部屋に戻ると、おっちゃんたちはビールを購入した様子。「さあ、さあ、飲もう」と笑顔でビールを注いでくれるので、それならとりあえず、あいさつがわりに「かんぱーい」と四人でグラスを酌《く》み交わしてしまいました。

お互いまったく言葉が分からなかったのですが、そこで大活躍したのが旅行前にわたしが図書館で借りてきた指差し会話帳。ロシア語がイラストで表記されている本です。指差し会話でお互いに自己紹介。おじさんたちは四十三歳と四十七歳で出張先に向かうところだそう。おじさんたちにいろいろロシア語を教えてもらったはずなのに、結局わたしが覚えたのは「フクースナ！（おいしい）」だけでした……。

そのうち、宴会もお開きになって夜中は真上で寝ているおっちゃんたちのいびきがうるさかったけど、仲良くなっていたので家族のいびきのように感じてわたしたちもすやすや眠れました。

伝統のスカーフおばあちゃん

ロシアのおばあちゃんは、スカーフおばあちゃん。赤ずきんちゃんがおばあちゃんになったみたいです。みんな花柄のスカーフに花柄のスカートで花柄の手提げ鞄を持ってお買い物をしています。本人はまったくもって「かわいい」なんて思ってはいないんだろうけれど、柄モノに柄モノを合わせる悪趣味っぷりが最高にかわいい！（ちなみに、スカーフを巻いてるのは六十歳以上限定です）

絵本の中から出てきたような民族衣装のおばあちゃんと、露出度の高いセクシー衣装で街を闊歩《かっぽ》する若者の姿のギャップは、どこの国でも同じように見られます。

わたしがおばあちゃんになったからといっておそらく着物を着ないように、ロシアの若い子たちもスカーフは巻かないだろうから、この先、伝統的な日常着は、どんどん見られなくなっていくのでしょうね。

「好き」をみつけたスウェーデン

のんびり生きることを楽しむ

九月のスウェーデンに行って、一番日本と違うなあ、と思ったのは光です。すべてを透かしてしまうような光。すごく強いけれど、その光の中にずっといたいような美しい光です。光が違うからか、空の青色もすごく透明度が高い。子どもたちの金髪が光に透けると本当にきれいでした。

ストックホルムにあるユールゴーデン島には、広大なローゼンダルス・ガーデンがあります。赤ちゃんからおじいちゃん、おばあちゃんまでみんなの大好きな庭という感じ。ごろごろひなたぼっこしたり、お茶を飲んだりして、思い思いの午後を過ごしていました。おひさまの下でわたしたちも、ここの畑でとれたオーガニック野菜の山盛りサラダやケシの実ケーキを食べたのですが、お皿の上に小鳥やミツバチが飛んでくるにぎやかなランチになりました。

スウェーデンでは、平日も六時にはお店が閉まったり、日曜はほとんどのお店がお休みだったりします。ラッシュアワーも四時半くらいだったので、仕事が終わる定時は夕方の四時ぐらいなのかもしれません。そのまま、まっすぐ家に帰って家族揃ってごはんを食べるのでしょうか。

わが家なんて、父親が帰ってくるのは毎日子どもが寝た後です。父親が家族と夕飯をいっしょに食べるのも、遊ぶのも、勉強を見てあげられるのも、日曜日だけ。こんな働きづめの日々に比べたら、夕方の五時に家族が揃うなんて夢のまた夢のようなゆったりした暮らしです。

北欧の家具や手仕事がすごく優れているのは、家にいる時間が長く、家族を大事にしているからなのかもしれません。

日本じゃ考えられない明るい時間帯のラッシュアワーの電車に揺られながら、のんびり生きるということは、生活を楽しむってことなんだなあという大発見をしてしまいました。

好きなものはわたしの道しるべ

　北欧は東京以上に物価が高いので、目の前に欲しいものはあるのだけれど、値段を見たとたん高すぎて見事に物欲がしぼんでしまいます。

　デンマークでは、その繰り返し。「素敵！」と飛びついては、値札を見て「無理！」とあきらめる……。物欲を持て余していたわたしは、フレデリクスベアの蚤《のみ》の市で、我を忘れるほど興奮してしまいました。

　だってだって、木のおもちゃやアンティークの食器、家具に本がずらり。日本からトラックに乗って買いに来られたら！　と思ったほどです。小さなかわいい女の子から身振り手振りで絵本を売ってもらったり、おばあさんに安くまけてもらったり、地元の人とのふれあいが楽しい時間でした。

　デンマークの次に訪れたスウェーデンではぐぐっと腹をくくり、このままじゃだめだ、本当に欲しいものなら少々お高くても買うことにしようと財布のひもをゆるめたとたん、毎日毎日、自分のツボにハマるものがあって両手いっぱいの買い物をしました。

このとき思ったのが、自分の好きなものがみつかるってすごく気持ちがいいということ。

自分に迷いがあるときは、何が食べたいのか、何を着たいのかさえ分からなくなって心細くなってしまうけれど、好きなものが分かっているときって、すべてがスッキリ整理整頓され、胸を張ってまっすぐ立っていられます。

スウェーデンに来てあらためて、好きだと実感したのは、伝統的な手作りのあたたかさと、クールなデザインの組み合わせ。日本の民芸にも通じるものがあります。この二つの組み合わせは、自分の暮らしにおいても、ものを作る仕事においても、わたしの目標であり憧れです。

好きなものをみつけるって、自分の世界がどんどんクリアになるということ。この旅で再確認できたことが、自分の未来につながってゆくと思います。

しましまの街／コスタ・ノヴァ Costa Nova

カラフルなしましまのサマーハウスが並ぶ海辺のリゾートタウン、コスタ・ノヴァは、しましま好きにはたまらない場所です。しましまの家以外には何もないしましまの世界。

アヴェイロという街からバスに乗って四十分くらいで、赤や黄や緑のストライプの家が海沿いにずっと並んでいるのが見えてきます。

はりぼての紙で作った不思議の国のセットのようであり、レゴブロックで作ったおもちゃの世界のような街です。人でにぎわう夏が終わり、海辺には誰もいなかったので、よけいに作り物の世界に迷い込んだようでした。

お昼ごはんを黄色いしましまのレストランで食べたのですが、なんとお皿までしましま。もちろん、この日はわたしたち二人もしましまTシャツ着用です。

海の近くにふさわしいこの土地ならではの小さな魚や貝殻の形をしたかわいいお菓子にも出会いました。アヴェイロ銘菓「オーヴォス・モーレス」です。白くて薄い皮の中に、濃厚な卵黄クリームが入っていて、見た目は日本の最中のよう。ふわふわの皮にねっとりとしたクリームの組み合わせがたまりません。パッケージもかわいらしく、おみやげにも喜ばれました。

長靴下のおばあちゃんがいる街／ナザレ Nazaré

リスボンからバスに揺られて一時間五十分。どうしても来たかった街、ナザレに到着です。ここは漁師町で、海水浴のできる避暑地でもあります。でもわたしたちの目的は海ではなく長靴下のおばあちゃん。バスターミナルに降りたとたん、街のあちこちに、念願の長靴下のおばあちゃんを発見しました。

頭にはスカーフ、肩には毛糸のショール、ふわふわのミニスカートに刺繍《ししゅう》がほどこされたエプロンをつけ、足もとは長靴下。これがこの土地の民族衣装なのだそうです。既婚者は膝丈の、短いスカートの下に七枚のペチコートを重ね着しています。全身黒ずくめのおばあさんもよく見かけましたが、もちろん黒のミニスカートに黒のハイソックスに黒のショールとエプロン。未亡人の女性は黒い服で暮らすのが風習なのだそう。

スカートの丈が短いのは浜で仕事をするとき潮に濡れないため、ペチコートを何枚も重ねているのは海風に当たっても寒くないよう防寒のためだとか。

お祭りだから民族衣装を着るのではなく、年輩の方たちは日常着として身に着けています。みなさん、こんなかわいらしい姿で、市場でも、おみやげ屋さんでも、忙しそうに働いていました。ポルトガルの女の人は働き者です。

屋台ですんごい高いあんずのドライフルーツを買って、見せてもらった商売上手のおばあちゃんの七枚重ねふりふりペチコートは、おばあちゃんの歌と踊りとキス付きです！

お城に泊まる／オビドス Obidos

リスボンからバスを乗り継いで一時間半ほどの場所にあるオビドスという村に行ってきました。ポルトガルのおもしろいところは、その街、その街で風景も空気もガラリと変わってしまうところです。

「谷間の真珠」と呼ばれるオビドスは、周りをぐるりと城壁に囲まれた美しい村です。アズレージョ（装飾タイル）に覆われた門を抜けると、白壁に黄色や青の塗装がかわいらしい家並みが続きます。木枠の窓に飾られたレース、軒先には色とりどりの花が咲き乱れていて、散策するだけでかわいい発見があちこちにあります。

この村には十五世紀の城をホテルにしたポサーダ（Pousada do Castelo）があります。ポサーダとは、お城や修道院など、歴史的建造物に宿泊できるポルトガル国営のホテルのこと。一度くらいはリッチに過ごそうと、オビドスのポサーダに宿泊しました。

「お城」にいるというだけで、わたしはすっかりその気になり、ふかふかのガウンを着てお姫さま気分満喫だったのですが、なぜかこのお城に入ったとたん、旅の相棒みゆきちゃんが体調不良に……。「きっと昔このお城に幽閉された姫に乗り移られてるわ～」なんて冗談を言っていましたが、予約しておいた眺めのいいポサーダ内のレストランでもテンション低め。

この土地の名物さくらんぼの食前酒「ジンジャ」からはじまり、フルコースの料理の盛り付けはどれも美しくとてもおいしかったです。

このお城に泊まって一番よかったのは、村をぐるりと囲む全長約一・五キロ、高さ約十三メートルの城壁の上を歩きながら朝日が昇るのを見たことでした。

まだ薄暗い早朝に目が覚めたので城壁に上ってみたのですが、とにかく景色がすばらしい。城壁の内側には中世から変わらない建物の赤い屋根が続いていて、外側には緑の森と田園風景が広がっています。

太陽が昇るにつれ、三百六十度見える空が少しずつ青色に変わり、キラキラした朝の光に包まれ村が目覚めていきます。まさに宮崎駿の世界の主人公気分。あのとき、ほうきがあったら、赤い屋根の上を飛んでいたかも!!

おいしいことはしあわせなこと

旅から帰ってきて、「何がよかった？」と聞かれると、即答で「おいしかった！」と答えてしまうほど、ポルトガルで一番印象に残ったのは食べ物でした。何を食べても、素材の生きている味がするんです。

日本で売っている野菜から、青臭さを感じることはほとんどなくなってしまったけれど、ポルトガルのトマトや野菜には青臭さがあって、それをおいしいと感じました。生ハムは、噛《か》みしめるたび、この肉はその昔、毛に覆われて土の上を歩いてたんだと思わせる野生の味がします。そんな生ハムとポルトガルの微発泡ワインの組み合わせは最高に美味だったなあ！

日本のお肉は、スチールトレイに切り身で売られていて、それが自分にとっては当たり前になってしまっていたけれど、植物と動物という、もともとは生きていた命を食べてるんだと何度も思わされました。

そして、わたしが大絶賛したいのはポルトガルスイーツ！　生クリームより、カスタードが好きなわたしには、卵が濃厚で素朴なポルトガルスイーツは何を食べてもおいしかったです。

街中にパステラリアという、焼き菓子やケーキといったスイーツが食べられるカフェがあり、気軽におやつの時間を楽しみました。小さい頃からカステラ、ビスケット、そばぼうろなど、ポルトガルから伝わったお菓子を食べ慣れているせいか、何を食べても逆に懐かしい味がします。

中でも忘れられないのは、エッグタルトの起源ともいわれるポルトガルの伝統菓子パスティス・デ・ナタ。サクサクのパイ生地の中に、とろっとろのカスタードクリームをたっぷり入れて、こんがりとおいしそうな焦げ色がつくまで焼いたお菓子です。

特に有名店、パスティス・デ・ベレンでは、焼きたてのナタを二個もぺろりと食べてしまいました。ここのナタは、一日に一万五千個も売れるのだそう。このお店がすごいのは百年以上前にジェロニモス修道院から伝えられたというレシピを忠実に守っているところです。

ラオスの古都で手仕事めぐり

聞いたことはあるけど、どこだっけ？

みゆきちゃんに「春休みに一週間くらい、旅行に行きたいね」「日本はまだ寒いから、あったかいところがいいな」という話をしたら、「ラオスに行かない？」という返事。

ラオス？　どこだっけ？　アジアにあるのは分かるけど、イメージできないほどまったく知らない国です。でも、暖かそうだし、近そうだし、みゆきちゃん周辺のお料理関係の仕事をしている人の間で人気沸騰中というくらいだから、食事もおいしそう。子どもたちは大阪の実家に預けて「一週間くらいラオスに行ってみよう！」ということになりました。

ラオスを調べていくうちに、惹《ひ》かれたのはルアンパバーン(Luang Phabang)という古都です。ラオス北部にあり、街全体が世界遺産に登録されています。

「ラオスの京都」と言われるように、古いラオス様式とフレンチコロニアルの融合した建物が、当時のまま並んでいます。

もうひとつわたしが惹かれたのは、ラオス北部の山岳民族の存在です。ネットで画像検索すると美しく華やかな民族衣装を着た女の人が出てきます。こんな華やかな衣装を、山の中でどうやって作って、どんな暮らしをしているんだろう？

一目でも、こんな人たちに会えたらな！　とラオスへの期待は広がっていきました。

モダンでおしゃれな街、ルアンパバーン

わたしがイメージしていた、いわゆるアジアの街とは、「自転車とバイクが道をふさぐほど走っていて、そこらじゅうに食べ物の屋台があって、観光客相手のしつこい客引きがいっぱい……だけど活気があっておもしろい」というものでした。

でも、ルアンパバーンの街には、これとはまったく正反対の、静かで穏やかで、緑豊かなのんびりとした風景がありました。欧米人経営のホテルやカフェ、お店は、歴史ある建物をモダンにリノベートしているので、街全体が清潔でおしゃれな印象です。

今回わたしたちが滞在したのは、築百年以上の建物をリノベートした３Ｎａｇａｓというホテル。一目見た瞬間に「ここに決めてよかった」と思ってしまったほど、アンティークな木の質感が落ち着いた空間を作っています。

宿泊した部屋は、天蓋《てんがい》付きのベッドがあってシーツもスリッパもさらさらでふかふかです。心配していた虫なんて一匹もいません。キャンドルやフルーツ、ミネラルウォーターも毎日置いてくれて、アメニティグッズの質もいい。こうした細かい心づくしに女子テンションは上がります。窓からは緑いっぱいの庭が見えて、ここに帰ってくるとほっとしました。

街を散歩すると、あちこちにオープンカフェがあり、バゲット片手にコーヒーを飲んでいるフランス人もあちこちで見かけるので、街全体が映画のセットのよう！

そんなモダンでおしゃれな部分と、古い寺院、ローカルの食堂、南国の自然豊かな植物、メコン川の流れがミックスされているのが、たまらなくおもしろい街です。

大好きな竹富島を思い出す

わたしはルアンパバーンにいるときや、ラオス人と話しているとき、何度か沖縄の竹富島のことを思い出していました。

全然違うのだけれど、ところどころ、似ているなあと思ったところがあったのです。

竹富島も、ルアンパバーンも古い建物を大事に使って住み、ブーゲンビリアの花が咲いていていました。

早朝、竹富島では家の前のサンゴの道を地元の人が掃除していました。真っ白い雪が積もったような道を歩くと、清らかな気持ちになったのを覚えています。ルアンパバーンでも、毎日托鉢《たくはつ》が行われていて神聖な朝を迎えています。

働き者だけれどもガツガツせず「のんびり暮らして食べられるだけの仕事があればそれでいいさ」というおおらかなスタンスが似ていると思いました。豊かな自然の中に生きる人たちならではの強さです。「何もなくなったら魚を捕りに行けばいいさ」「畑を耕せばいいさ」「なんとでも生きていけるさ」という強さ。

街全体に流れているそんな「穏やかな気」が、わたしの心と体を十分にほぐしてくれました。大事な人を連れて必ずまた来たいと思える場所でした。

やさしい気持ちになる笑顔

はじめて来たラオス、ルアンパバーンで、何より心に残ったのは人のやさしさかもしれません。たとえば、海外で地図を持って歩いていると、どこの国でも「May I help you?」と声をかけてくれる人がいて、そのやさしさもとてもうれしいのですが、ラオス人はシャイなので声はかけてきません。かけてはきませんが、控えめながら「声をかけてきてもいいよ」という空気をかもし出してくれるのです。

基本的に自分たちもシャイなので、やさしさの波長が合うのか、どこにいても、ほどよい安心できる距離感があり、とても穏やかな気持ちでいられました。貧しい国なので物乞いや押し売りが多いと思っていましたが、どちらにもまったく会いませんでした。

お母さんたちが子どもを一喝している姿は見かけても、都会でよく見る携帯片手に眉間《みけん》にしわを寄せて怒るビジネスマンみたいな人はいませんでした。信じられないことに、ラオスではイライラしている人をひとりも見かけませんでした。

ラオスは世界最貧国のひとつです。でも、国民の幸福度が高いことは、行ってみるとすぐに分かります。びっくりするくらい、みんな笑顔で、しあわせそうです。

外国からの影響を受けていないため、いまだに文明開化が行われていないからなのかもしれませんが、この笑顔がずっとずっと、続けばいいのになあと心から思います。

朝の托鉢はやさしさの証《あかし》

毎朝五時半から六時半頃、道の端に座った地域の人々が、もち米やお菓子、飲み物などを、列になって歩くお坊さんに喜捨《きしゃ》する托鉢という儀式が行われています。

お坊さんたちが食べるものはすべて、地域の人によって用意され、そうすることで徳を積むことができるのだそうです。お坊さんの食事は、朝と昼の一日二回だけ。昼の食事の後は飲み物だけが許されるそうです。お坊さんの中には、まだ幼い少年もいて、おなかをすかしながら親元を離れて修行や勉強をがんばっているんだろうと思うと頭が下がります。

この旅で、心に残ったことがあります。早起きして托鉢の一行を眺めていると、お坊さんたちから托鉢のおこぼれをもらってまわる子どもたちの姿が目にとまりました。はじめ、この子たちは、何をしているんだろう？　と気になり、子どもたちの持っている大きなカゴの中を覗《のぞ》いてみたのです。すると、そのカゴを持っていた子どもが、わたしに「欲しいの？　あげようか？」とニコッと笑いながらバナナの葉で巻いたもち米のお菓子を渡してくれようとしたのです。わたしはすぐ「いいよ、いいよ」と断りましたが、あとから、托鉢のおこぼれをもらうのは貧しい子どもたちだと知り、その大事なごはんを観光客のわたしに気軽に分けてくれようとするやさしさに胸がいっぱいになりました。

「たくさんもらったから、分けてあげる」そんな当たり前だけれど、なかなか実行できないやさしさが、ルアンパバーンにはめぐっているように思えました。

想像つかないラオス料理教室

もともと、ベトナム料理もタイ料理も大好き。食べたことはないけれど、その間にあるラオスの料理が嫌いなわけありません。絶対においしいはず！　ということで、タマリンドというレストランが主宰しているラオス料理のクッキングスクールに参加しました。

朝の九時前に直接レストランに申し込みに行くと、スイス人や、ドイツ人、フランス人など総勢十人が集まっていました。まずはトゥクトゥク(オート三輪のタクシー)に乗ってルアンパバーンで一番大きな市場「タラート・ポーシー」に食材探しに出発です。

市場には、野菜、スパイス、米、肉、雑貨などが、ところ狭しと並んでいます。どこを見ても日本にはない珍しいものばかり。一番よく見かけたバナナは、実はもちろん、葉っぱも、料理、食器、調理道具、ラッピングと用途いろいろ。ラオスではバナナの花もよく食べるのだそうです。犬や猫、ねずみにかえるまで食べるのだから、やっぱりそこは、東南アジア最後の秘境といわれるラオスならではです!

先生がいろんな野菜について英語で説明してくれるのですが、なんせ英語が分からぬわたしたち。ふんふんとなんとなく理解しているつもりでうなずいていましたが、先生のラオスジョークにみんなが笑っていても、そこはついていていけず、ハハハと空笑《から》い。英語が話せたらもっと楽しいだろうな……。

市場の見学が終わると、またトゥクトゥクに乗って移動です。レストランに戻るのかと思っていたら、どんどん街とは反対方向へ進み、川辺にある緑いっぱいの屋外クッキングスタジオに到着しました。ここがまたおしゃれで雰囲気もよく、キッチンテーブルや備品もすべて清潔できちんと整理整頓されています。

一品目の料理は、「トマトとなすのディップ」。これはたぶんラオス版「ごはんの友」的なもの。

材料は、トマト、なす、ピーマン、にんにく、とうがらし。それを串に刺して炭火で焼き、皮を取り除いてつぶし、塩とナンプラー、レモンで味付けしてできあがり。ラオス人の主食であるもち米といっしょにいただきます。これが簡単でおいしかった。

そのほかは、川魚のバナナの葉の蒸し包み焼き、レモングラスをバスケット状に裂いて、その中に鶏のひき肉を入れたフライ、きのことバーベキューのルアンパバーン風スープなど、計四品を作りました。電気やガスはないので、すべて炭火で作ります。最後のデザートはココナッツをしぼってもち米と煮たライスプディングです。

開放的で緑がいっぱいの屋外で、自分たちで作った料理をいただきながら、和気あいあいとみんなおしゃべりに花を咲かせ、街に戻ったのは午後三時半くらいだったでしょうか。旅先の人と直接関われる貴重な時間でした。

東京に戻ってから、自宅でトマトとなすのディップを作ってみました。断然ルアンパバーンで食べたほうがおいしかったけれど、思い出せる料理をひとつでも作れるようになったことがうれしいです

電気も水道もないモン族の村

少数民族の村を訪ねるツアーに参加しました。わたしたちが選んだのは、車で一時間半、その後二時間半のトレッキングをして電気も水道もトイレもないモン族の村を訪問し、家庭料理をみんなで食べるというツアー。しかも、その村にはこのツアーができるまで、外国人は誰も訪れたことがなかったそうです。

西洋人はいまだに訪れたことがないとか……。

言葉が分からないまま、そんなディープなところに行くのは不安ですが、親切でやさしく日本語の上手なラオス人がガイドをしてくれるのだったら安心です。

朝の九時に出発し、まずは市場で村の人といっしょに食べるための生きたニワトリと野菜、フルーツ、ミネラルウォーターを買いました（みゆきちゃんは、こんなにも新鮮なニワトリを食べるのははじめてだと、すでに少々ビビり気味）。

買い物を終え一時間半の車移動の後は、二時間半の山登りのスタートです。歩いて、歩いて。休憩しながらバナナを食べて、歩いて、歩いて。ぜーぜー言いながら、歩いてやっと、村が見えてきました。

村人たちはみんな、カメラをぶらさげたよそ者に興味があるようで、家の外に出てきてわたしたちが通り過ぎるのを見ています。自分が珍しい外国人だと扱われたのは今回がはじめてかもしれません。失礼のないように、村の人と目が合うと手を合わせて「サバイディ！」（ラオス語でこんにちは）と声をかけましたが、みんな「サバイディ！」と笑顔で返してくれました。

中でも純真な子どもたちがかわいらしい。はにかみながら、草の中にかくれながらわたしたちについてきます。声をかけたり、カメラを向けるとキャーと恥ずかしがって逃げてしまうのですが、子どもたちの数がどんどん増えていきます。まるでブレーメンの音楽隊のよう。訪問するお宅に到着した頃には、二十人近くいたような気がします。

感心したのは、みんな兄弟のめんどうをよく見ることです。五歳くらいの子どもが赤ちゃんをおんぶして、赤ちゃんも小さな背中に必死にしがみついて落ちないのだからえらい！

囲炉裏《いろり》をかこむ家ごはん

今回訪問させてもらったモン族のお宅は、お父さん、お母さん、娘さん一家五人暮らし。ほかに子どもが四人いるそうですが、それぞれ嫁いだり、街に出たりしているそうです。

家にお邪魔させていただくと、電気がないので、目が慣れるまで家の中は真っ暗で何も見えませんでした。家の中といっても下は土で、部屋の仕切りもなく、すきまだらけ。電気も水道もお風呂もトイレも家財道具もありません。ここは山の上だし、朝晩はとても寒そうです。「どうやって暖をとるの？」と聞いてみたら、家族みんなが囲炉裏に集まっていれば暖かいのだそうです。

わたしたちが持参したニワトリを料理する支度をお母さんがはじめたので、スーパーでパック売りの鶏肉しか買ったことのない日本人としては「あーそればっかりは見られない！」と料理ができるまでおいとまし、その間に、ご近所のお宅を訪問させてもらいました。

お隣のおうちは、父親がシャーマンで、切り紙で作った神棚がありました。村で病気の人が出たり、悪いことが起こったりすると、生贄《いけにえ》になる動物をささげてお祈りをするのだそう。モン族の人の信仰は、アニミズム（精霊崇拝）なので、精霊は山、家、風、光などあらゆる物事に存在すると信じられ、村内や山の災いは精霊の怒りだとされています。この精霊の怒りを鎮めるために、自然に根ざした様々な儀式を行っているようです。シャーマンは、誰でもなれるわけではなく、選ばれた人のみがなるのだそうです。

どの家でも玄関、台所、寝室などに厄よけのお札が貼ってあって、こういうところは日本人と似ているなあと思いました。「いいことがいっぱいやってきて、悪いものが入ってきませんように」というおまじないだそうです。

そうこうしているうちに、お昼ごはんのできあがり。モン族は日本人と顔も似ていますが、お米を主食にしているところも同じです。メニューはゴーヤのチキンスープ、ゆで鶏、きくらげと野菜の炒めもの。

日本人としてびっくりしたのは、みんな自分のスプーンでひとつのお皿のスープをすくって飲むこと。みんなで鍋をつつく感じでスープをすくうんです。最初はとまどったけど、おいしかったので、がんがんすくって食べました！

それに、ここでいただくものは体にいいものばかり。「自然なものしかないので、おじいちゃんもおばあちゃんも、歯が丈夫できれいなのよ」と言っていましたが、ほんとにそのとおりでした。

あまりに原始的な暮らしを目《ま》の当たりにして、何度も、「ここは昔の暮らしを再現した民家園的なテーマパークじゃないよね!?」と疑いたくなりましたが、何百年も前から変わらず、今現在もこの暮らしをしている人がいることに心底驚きました。

でも、わたしのほうがしあわせ！　とは一秒も思いませんでした。だからといってわたしのほうが不幸せとも思いませんでしたが、「生きること」とは自分ができることを自分に与えられた環境で精一杯することなんだと思わされました。

自分を見つめるモン族の刺繍《ししゅう》

「うそでしょう?」と声をあげてしまうほど細かく正確な刺繍。目の前でミシンよりも細かく正確な針目で、下絵もなしにすらすらと自由に文様を縫い上げていきます。ハサミだって針だって、ふつうのもので、特別な道具などありません。

モン族の女性たちは、誰もが刺繍や染め物ができるのだそうです。なぜなら自分で作った民族衣装は何よりも大切な財産だから。

年に何回かあるモン族の祭りには、村中の女性たちが美しい衣装で着飾ってでかけます。そこで未来の夫となる人がその衣装の美しさや仕事の丁寧さを見て結婚相手の見定めをするそうなので、女性たちの裁縫の腕も上がるというわけなのです。

わたしが見た刺繍の作品も、目がチカチカするくらいのカラフルな布と糸で配色されていました。山の上での暮らしにある色は、土の色と山の緑だけ。どこを見渡しても、自然の色しかありません。どこからこんな強烈な明るい色が生まれるのだろうと不思議でなりませんでしたが、自然の色の中でこそ、カラフルな原色をまとう女性が美しく映えるのだと思います。

文字を持たないモン族は、暮らしの教えを美しい文様にして衣類に刺し何百年も前からずっと、母親から娘へと受け継いできました。その刺繍が変わらず今も伝わっていることは本当に驚きでした。

モン族の刺繍を見ると「遠くに行かなくても、新しいことを探さなくてもいいんだよ」「自分のできることがすぐ近くにあるよ」と教えられている気がしてきます。自分にできることを、できるようになる努力をしなさいと……。

人間業《わざ》とは思えない熟練した技術による作品は、ふつうの女の人が庭先で井戸端会議をしながら縫ったものです。

おみやげに買ってきた古い民族衣装の刺繍の端切《はぎ》れが、自分の暮らしと自分自身から目をそらさず、きちんと向き合おうと思わせてくれます。

人と暮らしとわたし

スーパーマーケットハンター

どんな国に行っても楽しみにしているのが市場やスーパーマーケットに行くことです。カゴの中に商品を入れてレジに進むという買い方は世界共通なので、言葉が分からなくてもスムーズに買い物できるのが小心者にはうれしい。

それに、主婦であるわたしにとっては、まさにテリトリー。何時間でもいられそうです。日用品のかわいくて使えるもの、食べたことのないおいしいものをみつけるのは、たまらない旅の喜びです。

牛乳が常温で売られているのはなぜ？　このデカイきゅうりは何？　チーズの種類多すぎ！　瓶《びん》やペットボトルのリサイクルが徹底してるのはいいことだなあ！　どこも日曜日はお休みなのね、など日本との違いを発見するのも興味深いです。

エコ大国デンマークやスウェーデンでは、スーパーの袋は有料でしたが、有料でも欲しくなるようなデザインだったのはさすがです。地元の人は、自転車に取り外しのできるバスケットをつけていて、スーパーに着くと、そのバスケットをひょいと手に持って買い物をしていました。わたしも東京でまねしようと、バスケットを買ったのですが、ついつい持ってでかけるのを忘れてしまい、習慣にできないのですからダメですね。

おみやげ探しにもってこいなのも、スーパーです。天然塩、紙ナプキン、文房具、ジャム、はちみつ、紅茶、歯磨き剤、チョコレート、砂糖、お菓子。かわいいパッケージをみつけると「おみやげにいいね」と言いながら、必ず自分の分も買ってしまうので、いつも帰りの飛行機で重量オーバーになりはしないかとヒヤヒヤです。

窓の中にある生活

旅の間についついやってしまうのは、窓の中の人の暮らしを想像することです。

洗濯物が干してあったり、鳥カゴがぶらさがっていたり、鉢植えが並べてあったり、家主さんの毎日を考えるだけでも楽しくなります。

ふらり住宅地に迷い込んで暮らしのにおいを感じると、はじめて訪れた街なのに、緊張がほぐれて居心地よく感じます。

学校から帰ってくる小さな子ども、ひなたぼっこしているおばあちゃん、おいしそうな夕飯の支度のにおい。どこでも日々繰り返される暮らしは同じなんだということに、ほっと安心するのです。

もっと覗いてしまうと、いろんな問題があったりするのかもしれません。でも、働くこと、おいしいごはんを食べること、子どもを育てること、ぐっすり眠ること、暮らしの基本は世界中みんな同じです。

旅は一瞬の積み重なり

旅人は、その土地を通り抜ける人でしかありません。すれ違うときにニコッと笑顔をくれたおばさんも、道をやさしく教えてくれたおじいさんも、わたしの人生の中の一瞬をすれ違った人。もう二度と会うことはないかもしれません。

旅をしていないときも、すれ違う人は知らない人だらけですが、旅先では自分を知っている人がひとりもいないので、こんな風な「さみしさ」を感じてしまうのでしょう。旅をしているからこそ味わえる「さみしさ」「孤独」が、なんでもないことを意味のあるものに映し出すのかもしれません。

旅の間はすべてが一瞬の積み重ね。旅先で感じる「さみしさ」をふだん暮らす日々でも胸に持っていれば、ひとつひとつを見逃さずに丁寧に暮らせるのでしょうか。暮らすような旅と、旅するような生活。この二つのよいところは、わたしが生きてゆく上で大事なヒントになるかもと思いました。

東京にいてもどこにいても、誰といても、何をしてても、大事なものを見落とさないように、旅するココロで生活したいです。

旅日記を描くと、旅がもっと深くなる

描くことと感じることと

旅日記を描くのは、記録として「残したい」というよりも、「感じたい」という気持ちが強いからです。

描くことで向き合う時間ができるからでしょうか。なにげなく「きれい」と思ったことでも、スケッチブックに描くことによって、何倍も美しく深く心に刻まれます。

常に意識しているわけではないのですが、「これは、あとで日記に描こう」と思いながら旅をすることで、心の感度があがっているのかもしれません。

旅日記を描くのは決まって一日が終わったベッドの上です。歯も磨いて、パジャマに着替えて、あとはもう寝るだけ、という時間に振り返りながら描いています。

久しぶりに今まで描きためた旅日記を見返してみると、目には見えない記憶がよみがえることに気づきました。そのときのにおい、味、音、光、温度、そして自分の気持ちまで思い出すことができたのです。

旅の本を書くことができたのも旅日記のおかげです。もし、何も残していなかったら、十年も前に行った旅で感じたことなど、覚えているわけがありません。

すっかり忘れていたことを旅日記のページをめくって思い出すのは、同じ映画の同じポイントで泣くのと似たような感覚があります。そうそう、あの景色はほんとにきれいだった！　と再確認できて楽しいです。

瞬間を切り取れる写真も大好きですが、そのとき、そのときの「感性」を鮮明に残せる旅日記は、これからもずっと続けていきたいと思っています。

旅日記の描き方

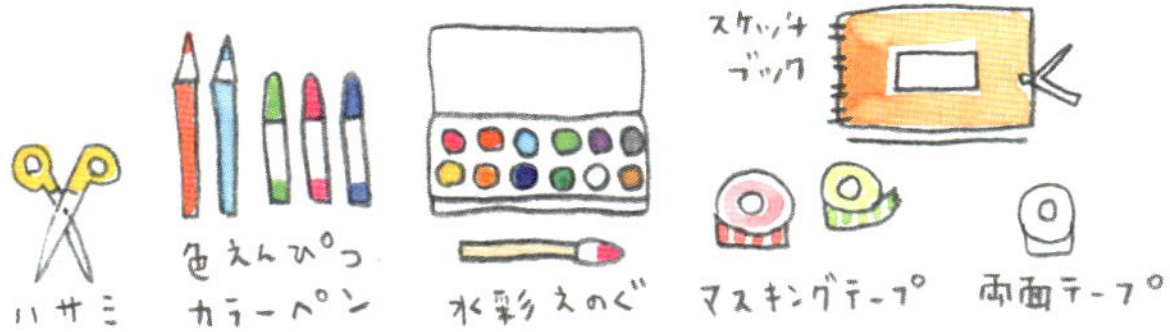

道具

◎スケッチブック
（無地の一番小さいサイズ）

◎細いペン
（耐水性がよいもの）

◎彩色できるもの
（水彩絵の具、色鉛筆、コピックマーカーなどなんでも）

◎両面テープ、
手でちぎれるテープ
（旅先でのチケットや、かわいい砂糖の包み紙などを貼るため）

◎ハサミ
（飛行機に乗るときは必ずトランクに入れておく）

1. なんでもとっておきます

美術館の入場券や、電車やバスのチケットは、旅日記には欠かせないアイテム。かわいいなあと思ったら、こっそり財布に忍ばせておきましょう。カフェにあったかわいい柄のお砂糖の包み紙やお菓子のパッケージ、コースターにショップカード。散歩中に拾った葉っぱやお花を押し花にしても素敵です。これは！　と思ったものは、とりあえず、とっておくべし！

2. ペタペタ貼ります

なんでもかんでも旅先でみつけたものを、ぺたぺた貼るだけでも自分だけの立派な旅日記のできあがりです。貼るときにおすすめなのは、文房具屋さんで売られているマスキングテープ。紙素材でできているので、ハサミいらずで手でちぎれるところがいい。手でちぎれる両面テープも便利ですよ。

青に金文字ってキレイ。
HORIKAWA NAMI
CARNET 2
SECTION URBAINE
M BUS RER T
VATICANO
までは
パスポートなし
しかし
スイス衛兵
がコワイ
カオして
立っている。
ミケランジェロ
デザイン
だそう。
CITTÀ DEL VATICANO 700
CITTÀ DEL VATICANO 1500
MUSÉES NATIONAUX
ENTRÉE
PLEIN TARIF
33 F
155400

手でちぎれる
テープが便利
B2
ショップカードを
カットしても
かわいい

旅日記の描き方

3. 食べたものを描く

旅での大きな楽しみでもあり驚きでもあるのは、なんといっても食事。はじめての野菜や、おもしろいものを食べたときは描かずにはいられません。絵を描くのが苦手な人でも、真上から見た食べ物の絵を描くのは意外とかんたん！　ポイントは、色をつけることと、文字で食べ物の名前や説明を書くこと。それだけで、ちゃんとそういう料理に見えてきます。感想を書いたり、お店の場所などが分かるよう、ショップカードをいっしょに貼っておくと便利です。

お料理
マッシュルームとキュウリめとトマトのパスタ
生ハムとフェンネルとルッコラのサラダ
モッツァレラチーズとトマトバジルソース
ペリエ
みゆきちゃんがくれた。ふくち
いっしょに食べま
春の味ってかんじ タケノコのよう?
甘い。皮はエグイ
ホワイトアスパラガスのボイル
0.7€
バゲットがうまい。安い。いつも焼きたて。
みゆき作サンドウィッチ
生ハムとフェンネルとルッコラ
オリーブ
プリン
バジル入りミートボール
デリでディナー
ドライトマトのマリネ
ナスピ
チーズ
春菊みたいなハーブとクスクスのサラダ

12/18
DINNER
子うしのおまめのソース
ワイン
具だくさんスープ
にんじんとレタスのサラダ
フルーツそのまま
JAPAN
ローマの松はオモシロイ。松ぼっくりはめちゃんこデカイし、フェリックスとよく似合う。日本の松はとてもじゃないけどフェリックスとはあわない
LUNCH
サラダ
ワイン
アサリのスパゲッティ
エビとさかなのフライ
ジェラート 3000リラ うまーい
100% オレンジJ うまーーい

旅日記の描き方

4. 買ったものを描く

おこづかい帳よろしく、買ったものは描いておくようにしています。買ったもののイラストと値段とお店など。旅先ではゆるみがちな財布のひもをキュッと締めなきゃ！　と思いながらも、「ここで買わなきゃ、もう二度とは買えないよ〜！」という旅の神さまの囁《ささや》きには、ついつい負けてしまうのでした。

さいふ
トレー
ペンケース
バッグ
エプロン
ポストカード
クッション
はぎれ

ポルトガルでかったもの
コンフェイトウ
レースのパン包み 3枚
3.7€
600円
水玉エプロン
エプロン
レース
マッチ
デッキブラシ
ノート
メモ帳
思ったよりも物価が高い＆かうものがない
クロス
お金がなくなっちゃった
塩 400円
2.65€
VINO
エプロン
ヨットのおきもの

旅日記の描き方

若い女の子のおへそくらいの身長
(イタリア)
大人

のら犬がガリガリ。でも、のら犬も食べるんだって。(ラオス)
太ってる子供多し
(ポルトガル)
りんごをかじりながら歩く人多し
(デンマーク)
頭にのせて歩く人多し
(ベトナム)
若ハゲ多し
(パリ)
バゲットを持って歩く人多し
(パリ)

5. 違いをみつける

今まで自分が知ってるものとの違いや意外な共通点を発見するのも旅の楽しみ。細かすぎてすぐに忘れてしまいそうな発見ほど、旅日記に描いておくとあとでおもしろいです。たとえば、どの犬もガリガリ(ラオス)。どの店でも一人前の量が多すぎ(ハワイ)。腹出し女子多し(ロシア)。手をつないでいる老夫婦が多い(フランス)。男同士で手をつないでいる人が多いのはなぜ？(ネパール)。りんごをかじりながら歩く人が多い(デンマーク)。雨が降っても傘を差さない人が多い(デンマーク)。などなど、自分にとっては気になることって、おもしろいですよね。

ABCストアのTシャツって…。
水
サンドイッチ
(私たちが買ったもの)
こんなTシャツ
日本で
着たいなんて
思わんわん
日本人ギャルは何をかっているの？
全然安くないし
珍しいものもないし
なんで？
なんで？
白人おでぶちゃん　多し!!
歩くのも
座るのも
しんどそうな
おデブちゃん
ハンバーガーばっかりくってるからだ。
テーマパークのようなハワイ
水族館が3000円
テイクアウトのラーメンが700円
ホテルの部屋のコーヒーが260円
ハンバーガーが1100円
なんでも高いぞコノヤロー!!
日本人の家族づれ
小さな子供づれがとっても多い！
あとはカップル、、
そしてギャル、、
白人のおばあさんはピンク大好き
全身ピンク
似合っているわ。
16

行列のできるパン屋&パティスリー屋さんで
エクレア
シュークリーム
ニンジンのサラダ
サンドイッチ
街にはバゲットを持って歩いてる人が多い。
手をつないでいる老夫婦が多い
若ハゲが多い
ハラを出してる若者が多い
窓とハト
カフェで日光浴してる人が多い
窓に花がいっぱいでかわいい。
美術館で課題をしてる小さな子どもが多い。

旅日記の描き方

6. 文字でカラフルに

これでもか！　というくらい囲み文字を多用しています。文字に色が塗れるのでカラフルに楽しげに仕上げられるのがいいところ。色の塗り方も水玉、しましまと柄をつければ、さらに華やかに！

3NAGASHOTEL
エプロン・リスボン
ROMA
HONOLULUZOO
Paris

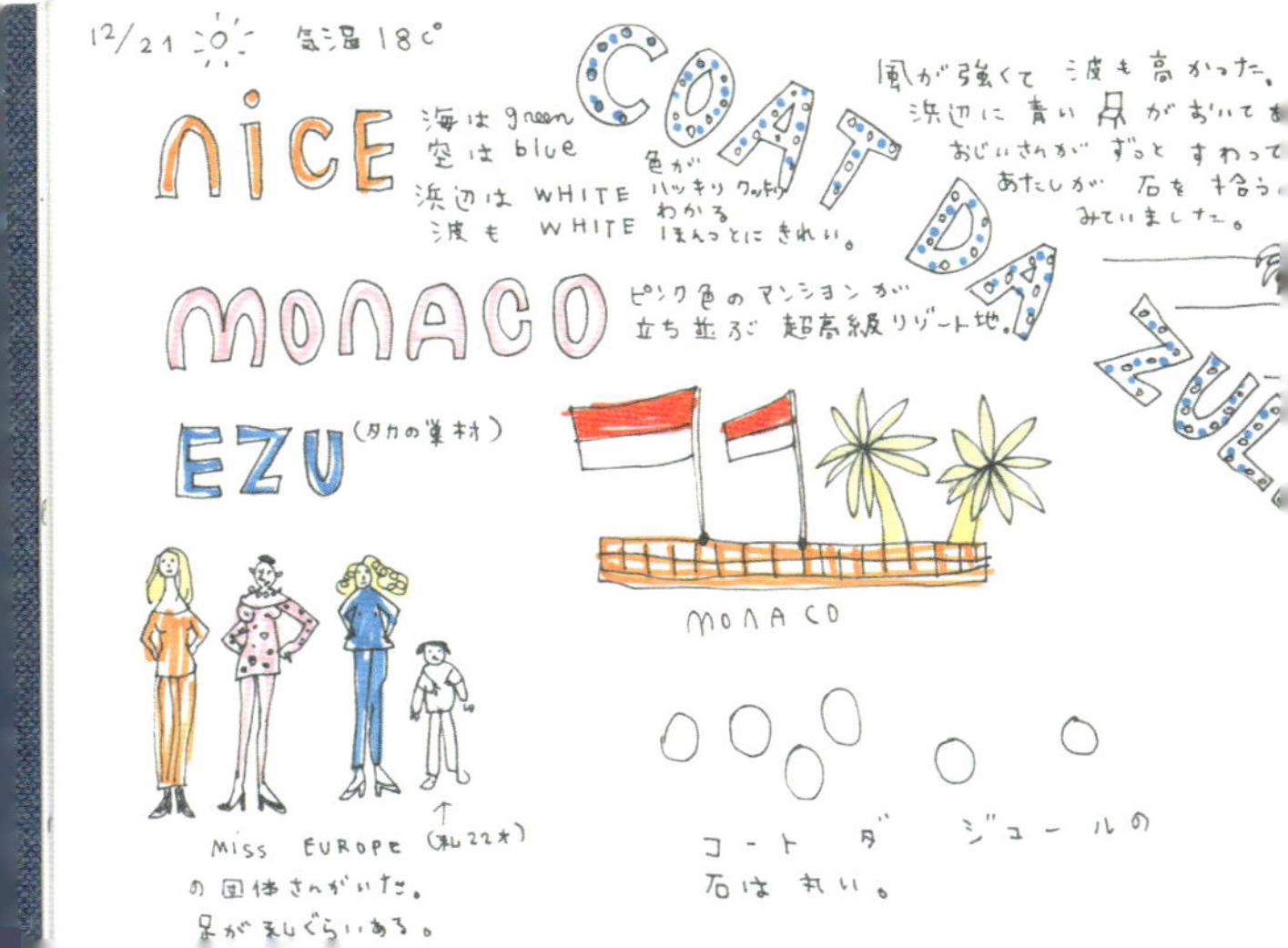

12/21 気温18℃
nice
海は green
空は blue
浜辺は WHITE
波も WHITE
色がハッキリクッキリわかる
ほんっとにきれい。
COAT DAZUL
風が強くて波も高かった。
浜辺に青い が おいてあ
おじいさんがずっとすわって
あたしが石を拾う
みていました。
MONACO
ピンク色のマンションが立ち並ぶ超高級リゾート地。
EZU (タカの巣村)
MONACO
MISS EUROPE の団体さんがいた。
足が私ぐらいある。
(私22才)
コートダジュールの石は丸い。

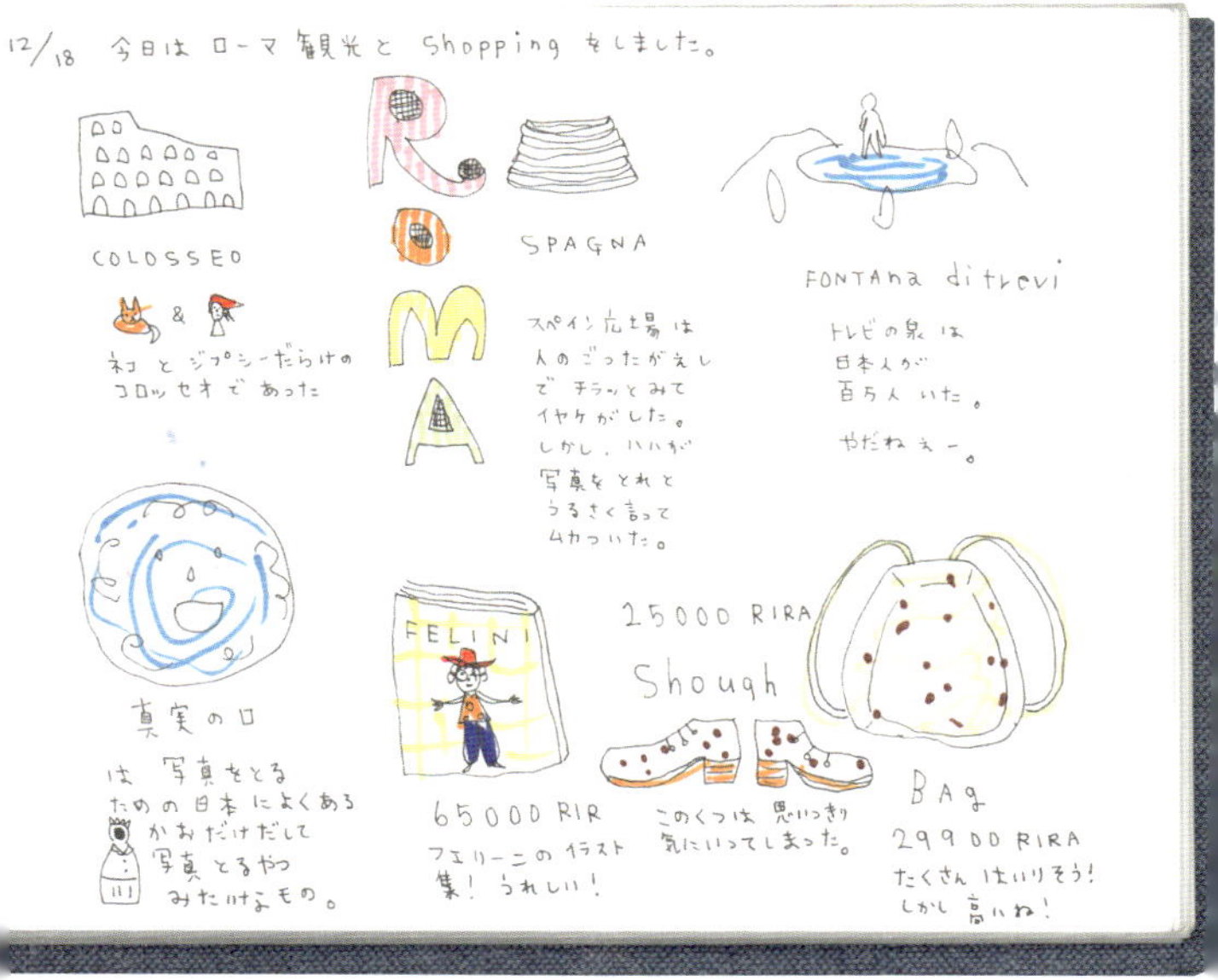

12/18 今日はローマ観光と Shopping をしました。
ROMA
COLOSSEO
&
ネコとジプシーだらけのコロッセオであった
SPAGNA
スペイン広場は人のごったがえしでチラッとみてイヤケがした。しかし、ハハが写真をとれとうるさく言ってムカついた。
FONTANA di trevi
トレビの泉は日本人が百万人いた。
やだねぇー。
真実の口
は写真をとるための日本によくあるかおだけだして写真とるやつみたいなもの。
FELINI
65000 RIR
フェリーニのイラスト集！うれしい！
25000 RIRA
Shough
このくつは思いっきり気にいってしまった。
Bag
29900 RIRA
たくさんはいりそう！しかし高いね！

ロイヤルネパールで出た機内食のチーズ
Tiger
15e
Gruyère
Original Swiss product
日本との時差は3時間
ネパールの旅
KATHMANDU
いろんな人がいる
すぐに分かるくらいいろんな人がいる
生まれたときから分かってる
知らない間に
上から見てる
visit nepal
カラフルなインド製のバス
でも排気ガスを散らしまくる

暮らすような旅

旅先で、少しだけその土地の人になった気持ちになってみると、また違う旅の楽しみがみつかるような気がします。だから、わたしは有名な観光地めぐりよりも、市場や公園に興味津々。少しでも人の暮らしに寄り添って、自分との小さな違いを大きな発見にしたいから、暮らすような旅にするのが理想です。

キッチン付きのアパルトマンを借りる

ホテル代の高いパリでは、キッチン付きの格安アパルトマンを利用しました。マイバッグを持って、朝市で旬の野菜や果物、ハムやチーズ、バゲットを買って食べるだけで、気分はすっかりパリジェンヌ！

お花を生ける

同じ場所に二泊以上できるなら、部屋にお花を生けます。散歩の途中に摘んだ花でもいいし、お花屋さんで買った花でも素敵です。部屋に花があるだけで、そこに根ざした暮らしの空気が出てくるから不思議。

洗濯をする

旅先での洗濯は乾燥機やバスルームで乾かすのがほとんどですが、一度、洗濯ロープを張って旅先の空の下に干したことがあります。それだけのことなのに、なんだかその洗濯物が地元の人のものみたいに見えて気持ちよかったです。

お惣菜を買ってきてデリごはん

旅先のデパートやスーパー、街のお惣菜屋さんでグラム売りのおかずをちょこちょこ買うのは、最高に楽しい。地元の素材を使った郷土料理をいただけるので、必ず一度はデリごはんの日を作ります。外食とは違う「うちごはん」が楽しめます。

公園のベンチにすわる

キラキラ明るくきれいな公園のある場所は、いい街なのだろうなあと思います。旅先で公園のベンチに座る余裕があるのって、すごく贅沢！　ぼんやり行き交う人を眺めているだけでもいろんな発見があるものです。

買ったものをすぐ着てみる

旅先で買った洋服を旅先で着て歩くのも、なんとなく地元の人の仲間入りをしたような気分になれて好きです。ポルトガルで買ったエプロンが気に入ってすぐに着て歩いていたら、いろんなおばちゃんに「おバカな日本人の子ね！」という感じで指をさされたのも、いい思い出です。

マチスの切り紙司祭服

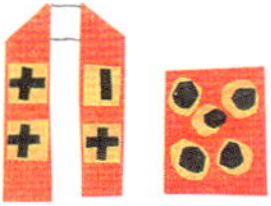

ずっと行ってみたかった南フランス、ヴァンスにある、マチスが手がけたロザリオ礼拝堂。ここではマチスデザインのステンドグラスや壁画、司祭服を見ることができます。とくに私の胸を打ったのは、切り紙司祭服。ニースにあるマチス美術館で神父さんが着ていた司祭服のデザインのもとになったそうです。

幾何学模様のようであって実はすべてフリーハンド。しかも手描き感がたっぷりと残っています。色もビビッドで、ニースという地に降り注ぐ太陽にぴったり。光を受けてガラスに色が映り込み、それがとてもよく映えるのです。おおらかさとこだわり、どちらをもふんだんに感じられます。

世界あっちこっちのスーパーマーケットで買ったもの

スウェーデン量り売りのグミ

毒々しいほどカラフルなグミやキャンディ。おいしいわけないと分かっていながらも、あまりのかわいさについつい買ってしまいます。

ベトナム"極薄"生春巻きの皮

感動したのは向こうが透けて見えそうな薄さ！　日本では見たことがありません。水に戻さずそのまま食べられて、包んだ食材が透けて見えるところがなんともおしゃれ。

点つなぎゲーム

幼児向けの点つなぎ遊びの本は世界中にあるので、どこの国に行っても探しています。本屋さんはもちろんですが、意外にスーパーでみつかります。

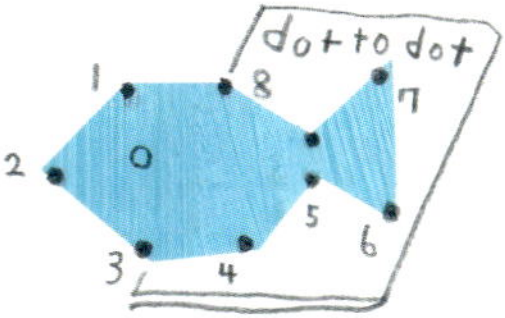

デンマーク イヤマちゃん

噂には聞いていたけれど、デンマークのスーパー「irma（イヤマ）」は、本当に素敵。かわいいだけでなく質もいいのです。イヤマちゃんエコバッグは有料でも連れて帰りたい。

ドイツ トイレの洗浄剤

トイレの洗浄水でサーフィンするなんて、日本人にはない発想です！ 使ってみたけれど、やっぱりちょっと、こんなところで波乗りさせるのはかわいそう。

フランス トッピングシュガー

お菓子作りなんてほとんどしないのに、外国の製菓材料には胸トキメキます。ミモザやスミレの形をしたトッピングシュガーは、それだけでパリの香りがしてきます。

世界カフェ事情

パリ

パリのカフェは敷居も値段もお高い！　とてもひとりで入る勇気はないのですが、当時エクレアブームのみゆきちゃんに誘われ、エクレア食べ比べめぐりにおつきあいしました。ひとつ八百円はするエクレア（小指くらいの大きさ）とブラックコーヒーを優雅に楽しむみゆきちゃん。隣でカフェオレばかり飲んでいたわたしが思ったのは、本場のパリでも意外にカフェオレボウルは使われてないってこと。

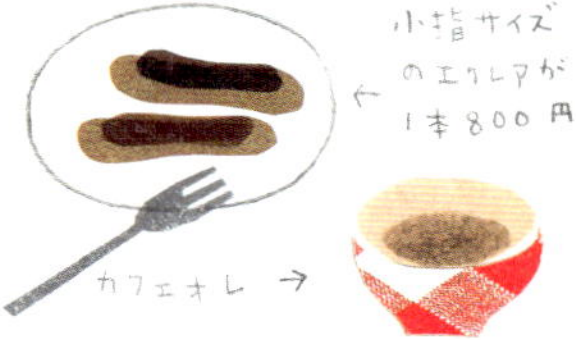

ベトナム

ハノイの空港カフェでベトナムコーヒー頼んだのに、アオザイを着たお姉さんが持ってきてくれたのは真っ白い飲み物。明らかにコーヒーじゃない。おそるおそる飲んでみると、それは激甘の練乳のお湯割りでした。おもわず爆笑です。相棒、みゆきちゃんが頼んだのは、ヨーグルトコーヒー。こちらもおもしろ楽しい味でした。

デンマーク

ルイジアナ現代美術館のミュージアムカフェは、海の青と芝生の緑のすばらしい眺めそのままにターコイズとライムのセブンチェアが並んでいました（セブンチェアは、デンマークのデザイナー、アルネ・ヤコブセンの代表作）。その緑と青の世界に、アレクサンダー・カルダーの黒と赤の彫刻がくっきりと映えて印象的でした。

ポルトガル

街にはパステラリアというお菓子を食べられるカフェがたくさんあります。ポルトガルのお菓子はどれも、懐かしい味がして大好きなのですが、中でもお気に入りのメニューは、パスティス・デ・ナタ（エッグタルト）とガラオン（カフェオレ）。どこで食べても安くておいしかったけれど、秘密のレシピを今も守り続けている「パスティス・デ・ベレン」のナタが一番だったな。

ラオス

ここはパリ？　と思ってしまいそうなほど、おしゃれなカフェ「Le Banneton」。ラオスにこんな洗練された店があるなんて、想像もしてなかったので、そのギャップにやられてしまいました。ガラスケースには焼きたてのパンがずらり。コーヒーも、ラオス風ではなくフレンチ風。早朝から開いていたので托鉢の見学帰りにおすすめです。

ハワイ

不思議なことがあったので忘れられないカフェが「ワイオリ・ティールーム」。緑いっぱいのテント席に座っていたのですが、あら？　右側を向くと雨が降っているのに、左側を向くとキラキラおひさま！　わたしたち、雨の境目でお茶してる⁇　今思い出しても、狐につままれたような話ですが、帰りは何度も虹を見て、やっぱりハワイの自然はすごい！　と思ったのでした。

シベリア鉄道の食堂車で車窓を眺めながらコーヒーを飲みました。花柄のカーテン、ほこりをかぶった造花、赤紫のベルベットの生地張りの椅子。かなりレトロな空間です。昭和の喫茶店かスナックという感じがして、落ち着くような不安になるような……。食堂車にはあまり人がいなかったので銀河鉄道９９９のメーテルが隅っこにでも座っていそうな感じです。

ロシア

働くお母さんのエプロン

旅先で自分の「好き」をみつけるとうれしくなります。たとえば、お母さんならひとつは持っているであろうエプロン。旅先でいろんなエプロンをかけたお母さんたちをみつけるのも、わたしの旅の楽しみのひとつです。市場などでいきいきと楽しそうに働いているお母さんを、よく目にしました。

おみやげコレクション

スウェーデン
10グルッペンの
鍋つかみ

十年たった今でもわが家の台所で活躍中。長く使っても飽きないものって、本当にいいものだと思います。

フランス
子ども向けの
古い工作本

一九五〇年代に刊行された切り絵の本には、小さな子どもの落書きが。それだけでキュンとなります。

ドイツ
のみの市で
買った缶カン

ヨーロッパ諸国の民族衣装を着たマトリョーシカのイラストがかわいい。アトピーの息子の塗り薬入れになってます。

ポルトガル
市場のお母さんとおそろいのエプロン

市場でみつけて一目ぼれし、探し回ってリスボンの街の片隅の白衣など業務用ユニフォームだけを売っているような店で購入。

デンマーク
のみの市でみつけた木の貯金箱

かわいいおばあちゃんから、売ってもらいました。郷土玩具好きとしては、日本のこけしのようなフォルムがたまりません。

ラオス
ヤオ族のポンポンバッグ

真っ赤な毛糸のポンポンがとにかく目立つので、「こんな派手なの使えるかな？」と思っていたのに、ふだん使いに愛用中。

チェコ
デッドストックのボタン

ガタガタだったり、色がはげたりしているけれど、ずっと宝物として持っていたいような、可憐な愛らしさがあります。

海外旅行から
帰ると
まず したいこと
肩まで湯舟につかりたい
あったかいうどんが食べたい
たまった洗たくをやってしまう
ニュースを見てプチ浦島太郎気分を味わいたい
ワイドショー
えー あの人 りこんしたの一
ふとんで大の字になって眠りたい

3

おうちから、もうすこし先まで

日本の手仕事を買いにでかけよう

暮らしを彩ってくれる手仕事が光る逸品は、見た目の美しさだけでなく長く使えるものばかり。日本各地を旅しながら蒐集しています。

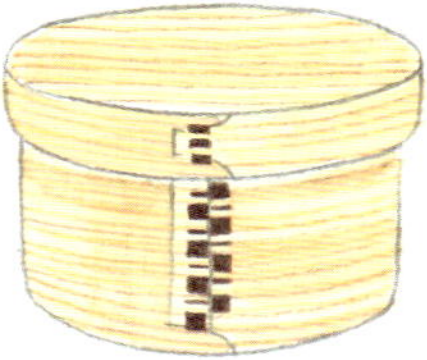

秋田・大館 曲げわっぱのおひつ

わが家では、毎日おいしいごはんを食べるため、土鍋で炊いて、おひつで保存しています。

栗久［くりきゅう］
秋田県大館市中町38
（0186）42-0514

京都・錦 銅製おろしがね

錦市場にあるお店では、その場で自分の名前を彫ってもらえます。一生ものの台所道具です。

有次［ありつぐ］
京都府京都市中京区錦小路通御幸町西入ル
（075）221-1091

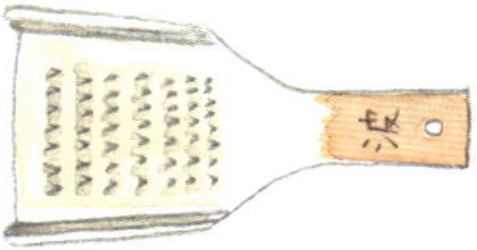

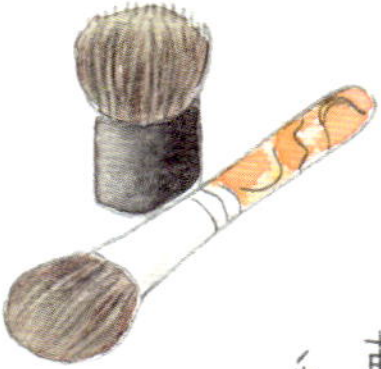

東京・浅草 手植え化粧ブラシ

肌にやさしい柔らかい毛が気持ちいいのでチークブラシを愛用しています。

藤本虎［ふじもととら］
東京都台東区雷門2-19-4
（03）5828-1818

鹿児島
種ケ島はさみ

「夫婦がひとつとなって切り開いていく」という意味を込め、結婚のお祝いにもよく使われるそうです。

牧瀬種子鋏製作所［まきせたねはさみせいさくじょ］
鹿児島県西之表市東町149
(0997)22-0893

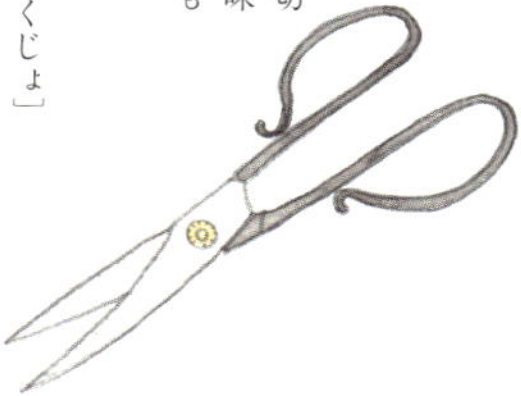

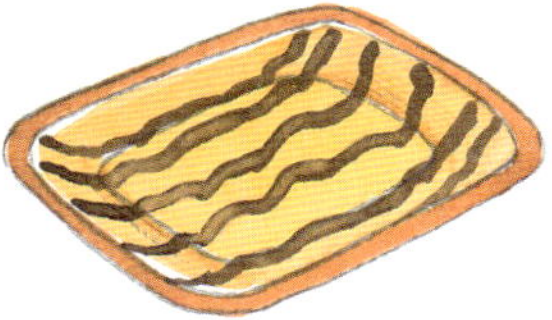

島根・松江
スリップウェアの大皿

わが家の食卓にこのお皿が並ばない日はないほど、和洋中どんな料理もおいしく盛り付けられる万能皿です。

湯町窯［ゆまちかま］
島根県松江市玉湯町湯町965
(0852)62-0726

名古屋
有松・鳴海絞りの浴衣

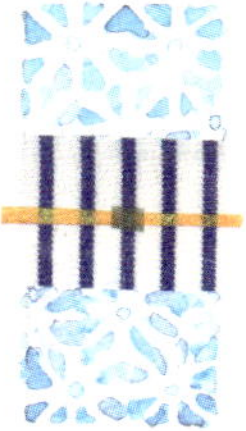

自分で着られないし、着ていけるような場所もないけれど、いつか憧れの有松絞りを着てゆっくり花火を見てみたいな。

張正［はりしょう］
愛知県名古屋市緑区
鳴海町米塚40
(052)621-1044

岩手・盛岡
南部鉄器の鉄びん

欲しいと思いながらも買えずにいる鉄瓶。子どもが巣立って、おいしいお茶を飲む余裕が生まれてからのお楽しみに。

釜定［かまさだ］
岩手県盛岡市紺屋町2-5
(019)622-3911

お気に入り諸国銘菓

旅に行かなくても全国の銘菓を買うことができる、デパ地下の「諸国銘菓のコーナー」が好きです。同じくデパートの物産展でも銘菓チェックは欠かせません。

鎌倉 鳩サブレー

鳩サブレーにはミルクです！　わたしの中で、ミルクに合う食べ物ベスト1かもしれません。子どもの頃に食べていたわけではないのに、懐かしい味がします。ハトの形やパッケージがかわいいのも魅力。

福島 ままどおる

「ままどおる」はスペイン語で〝お乳を飲む人〟。義妹が福島出身で帰省するたび買ってきてくれるのですが、わが家では取り合いになるほどの大人気。なんともいえないやさしいミルク風味の生地は、まさにママの味。

京都 阿闍梨餅

京都物産展に出店していたら迷わず買うし、京都へ行ってもデパ地下で必ず買います。もっちもちのしっとり生地にほどよい甘さのあんこ。わたしはコーヒーと合わせていただきます。

仙台 萩の月

カスタード派には、たまらない一品です。ほわっほわの卵生地の中にとろっとろのクリームが！　常温でももちろんおいしいですが、二個目は冷やして食べても、またまたおいしい。

松江 生姜糖

由緒正しく体によさそうなところがお気に入り。疲れたときや、風邪をひいたときに食べると、体がじんわりあったまって、癒されていくような味です。

福岡 梅ヶ枝餅

九州物産展での行列に「なになにどれどれ並んどこ」というのが梅ヶ枝餅との最初の出会いです。並んでるときに前後のおばあちゃんたちと世間話で盛り上がった思い出があります。

三重 赤福

関西出身のわたしにとって赤福は、もはや郷土の味。赤福を見ただけで「ええじゃないか♪」とCMソングが頭の中で流れています。伊勢で食べる赤福氷も最高においしいです。

ほっこり郷土玩具探しの旅

大阪

種貸さん

やさしい笑顔で、しあわせの種を分けてくれる神さまです。

長崎

古賀人形

馬に乗ったおさるさん。赤と黒と白の色の組み合わせがおしゃれです。

福島

起きあがりこぼし

指でころんと転がせば、ゆっくりがんばろうっていう気持ちになります。

岡山

吉備津人形

仲良し家族のだるまちゃん。わが家も見習おう。

奈良

法華寺
お守り犬

ぽかんと口を開けて、上を向いているところに、日々癒されてます。

鳥取

嘉久雛《かくびな》

マシカクのモダンなデザインがかっこいい。

香川

奉公さん《ほうこうさん》

奉公していた少女がお姫さまの身代わりになったという悲しい逸話から生まれた人形です。

東京

千木筥《ちぎばこ》

千木が「千着」に通じることから衣装が増え、良縁に恵まれるといわれています。

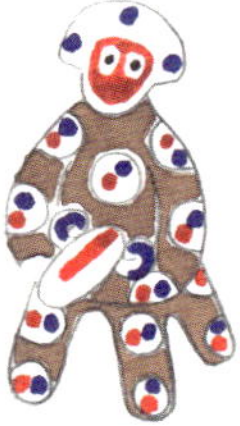

熊本

木の葉猿

アボリジニやアフリカのもの？　と思えるほど、プリミティブな形、色、模様です。

八重山が教えてくれること

何もかもが動き続けている

石垣島では、すべてが自然のままに動いています。朝が来て太陽が昇ると空が青くなる。山の緑がくっきり浮かび上がる。まっすぐ続く道に雲の影が走っていくのが見える。雲が分厚くなるとさっきまでスプーンですくえそうだったソーダゼリーのような海が、真っ黒いアスファルトみたいに固くなる。

満ちていた潮が引けば、今まで見えなかった色とりどりの魚や、サンゴや岩、砂浜が姿を現す。太陽が沈めば、海も空もオレンジ色に染まる。見ているわたしもオレンジ色になっています。

こんな風に、自分が自然の一部になれたような気がしたとき、自分はとても小さいけれど、大きなものに守られて命があることを教えられたような気がしました。

東京の暮らしでは、本当は見えるはずの星も街が明るすぎて見えません。本当は沈んでいる夕陽もビルや建物の陰に隠れて見えません。潮の満ち引きを体で感じることもありません。でも、春になればわたしの小さなベランダの鉢にもオオイヌノフグリが花を咲かせてくれますし、近くの公園ではオタマジャクシが泳ぎはじめます。

ここにいても八重山と同じ大きな自然の一部であることに変わりはないのだから、わたしはここで感謝して、感じる心を持って生きていきたいなあと思うようになりました。

東京のお月さまは、今日もきれいです。

ハプニング！　もまた楽し

石垣島にいるときに台風が直撃したことがありました。真横に雨が降っていました。電気が止まって、お水も出ない。もちろんクーラーもつかないし、トイレも水は流れません。ただただ、じっと待つことしかできません。

台風が去ってからもしばらく復旧のメドはたたず、昼寝にも飽きて仕方がないから近所の子どもたちと山へ散歩にでかけることにしました。すると強風のせいで八重山ならではのカラフルな木の実がたくさん落ちていました。拾っては並べ、拾っては並べ、そのきれいなこと！

真夏の濡れた草むらのムッとした匂いの中で、小学生の男の子についていく。歩くたびに、赤ちゃんバッタから殿さまバッタまでがぴょんぴょん飛びはねる。あー、このかんじ、このかんじ。子どもの頃の夏休みと同じだー！

ただ、それだけなのに、なんでこんなにうれしいんだろう。子どもの自分に帰るのがこんなに気持ちいいのはなんでだろう？

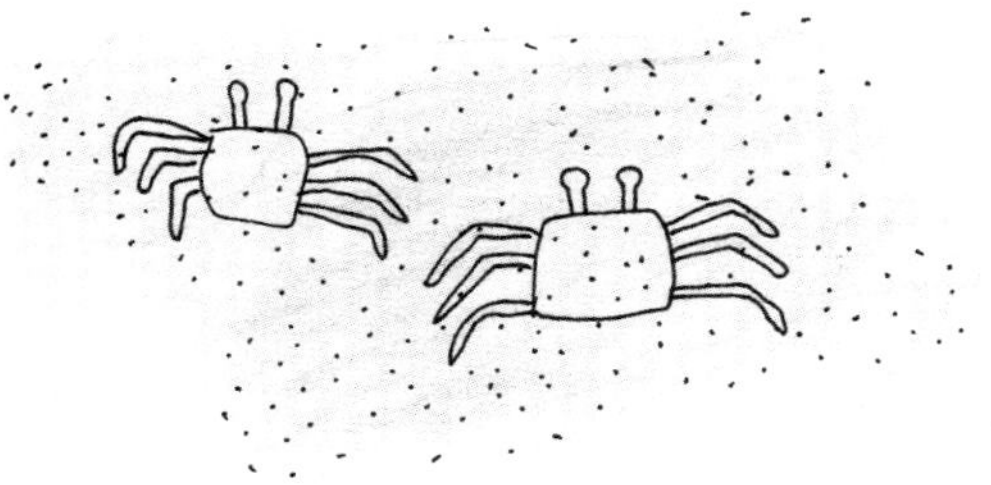

砂模様の透明のカニをみました。

ぐるぐるまわって いのちをつくる。

誰もいない。遠くの川の音とセミが鳴く音がするだけ。

八重山でみつけた葉っぱのかたち

まるまる、ぎざぎざ、くねくね。大自然の偉大さを葉っぱのかたちから感じる八重山。同じ日本にいるとは思えない驚きがたくさんあるのに、なぜか安心してしまいます。人間は自然からパワーをもらっているんだということを、ここではひしひしと実感します。

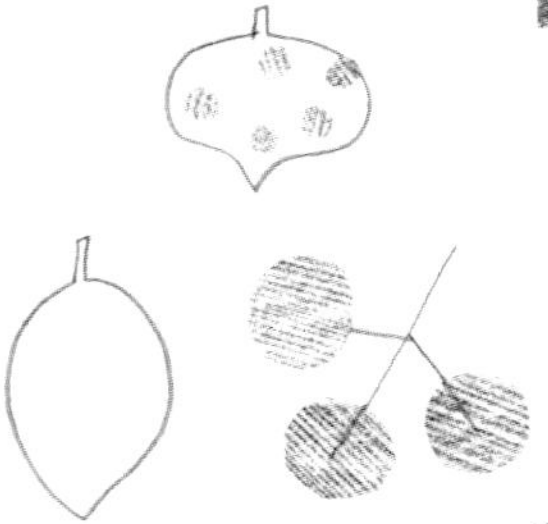

旅先で出会う神さま

木には神さまがいると思います。見知らぬ土地を歩いているときも、ピピンと気の合う木があるとココロの中の小さな声で「よろしくお願いします」なんて言っている。そうすれば、ぜったいに守ってもらえるような気がするから。

屋久島に、わたしのお気に入りの場所があります。それはガジュマルの森。ジャングルのようなガジュマルに包まれてぽつんとひとり耳を澄まします。聞こえるのは遠くの虫と鳥と葉っぱの落ちる音だけ。ねじれたり、からみあったり、つながったり、根っこも枝もぐにゃぐにゃに何百年も伸びるガジュマルの木を見ていると、自分の中からいろんな気持ちがあふれてきました。

この森に比べたらわたしの一生はほんの一瞬でしかありません。わたしは大切なものを大切にできているかしら。今できることを、今しているかしら。まっすぐな心で生きているかしら。

遠回りしても、途中でつらくなっても、ぐにゃぐにゃジグザグでも、この木のように太陽にまっすぐでありたい……。

わたしはいつも「今」だけで、そのときだけの答えを求めてばかりいたけれど、「時間」が作る答えというのも大切なんだと、この木を見ながら思ったのでした。

誰もいないしーんとした森の中にいるのにちっとも怖くなくて、安心している自分がすごく不思議でうれしかった。きっと木の神さまが守ってくれていたのだと思います。

ガジュマルに包まれてひとりで静かな時間を過ごす、それだけでぐんぐん心が満たされます。わたしはどこにいるときも心細くなったときは、神さまの木に心の中であいさつをして、手のひらを幹にあてて元気をもらうことにしています。

循環する水と生命

屋久島の天気はころころ変わります。天気予報なんてちっともあてになりません。毎日ガガーッと雨が降ります。でも、その恵みで、どの木もどの岩もたっぷりと水分を含んだ苔《こけ》にびっしりと覆われています。太陽の光を浴びたときの透明なモスグリーンの美しいこと！

森の中は太陽の光が遠くから線になって届き、まるで海の底にいるようです。命の上に命が生まれて、幻想的な景色が作られるのだなあと感じました。

ずーっとずーっと昔からある景色。千年、二千年前からある命の上に、また今日も雨が降り、今日の命が生まれています。水が屋久島の森を生き生きさせているのだと思いました。島の真ん中にある山の上には、いつも雲が乗っかって、その雲が山に雨を降らせ、滝や川になって流れ、最後には海に流れ込む。いつも新鮮な水が島全体を循環しているのです。

原始の森の山を覆う植物すべてが強くて美しい命でみなぎっているのは、この水の恵みのおかげでしょう。

わたしも、自分の体に、心に、いつも新鮮なものを循環させて生きていきたい！　命の上に命が生まれて、何千年という時間が積み重なってできた景色の上に立ちながら、そんなことを思いました。

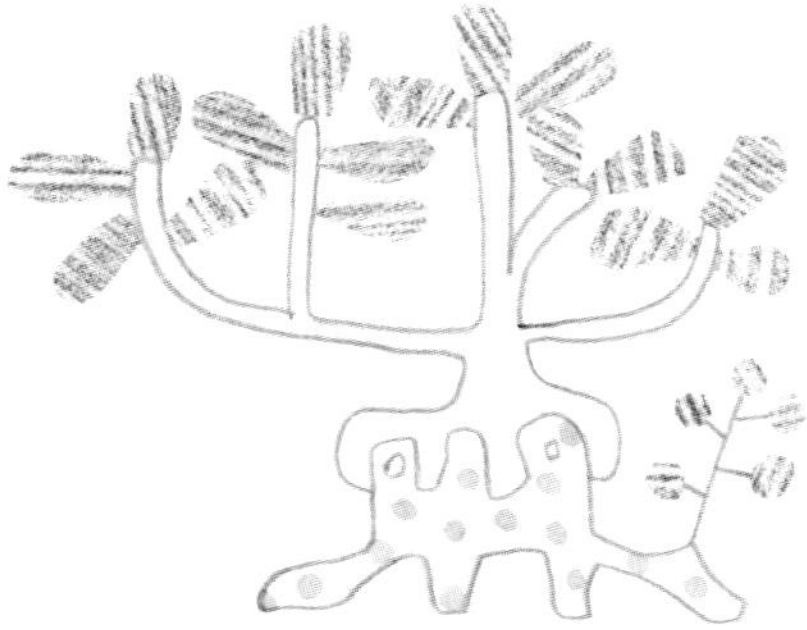

自分の空をみつける

冷たい縁側に座って静かに庭を見ているとき、ふとこんな言葉が出てきました。「ああ、そうか。人には自分の空が必要なんだな」と。

禅の極致を表現した永遠に新しい庭といわれる、京都・龍安寺《りょうあんじ》の石庭。小さな長方形の空間に、白い砂が敷き詰められ十五個の石が並んでいます。白い砂にはほうきで波紋の模様が描かれ、水面の静けさが漂っています。

暮れも押し迫った京都には、観光客もあまりおらず、ひとりきりでこの枯山水の庭と向き合うことができました。

何も聞こえない、何も見えないこの小さな箱のような庭をじーっと見ているうちに庭が空を映し、空がわたしの心を映しはじめました。すると、わたし自身の心が空のように自由に広がっていくように感じ、気持ちが晴れ晴れとしてきました。

　そのとき、「ああ、今年も、来年もずっとずっとその先まで、わたしはわたしといっしょにがんばれそう！」という思いが、むくむく湧いてきました。この庭で感じるもの、見るものは「じぶん」なのだと思います。

　京都のきーんとした冷たい空を見上げながら、自分の空をみつけた喜びでいっぱいになりました。

　この先、またこの石庭を訪れるチャンスが来たとき、わたしの空はどんな風に映るのでしょうか。

暮らしが仕事、仕事が暮らし

　旅先で「自分の生きるやじるし」になるものをみつけたことがあります。それは京都の河井寛次郎記念館を訪れたときのこと。

　学生の頃に全国を歩きまわって民芸館めぐりをしていたけれど、灯台下暗しだったのか、ここにはじめて来たのは三十歳を過ぎてからでした。河井寛次郎は、大正から昭和にかけて京都を拠点に活躍した陶芸家・詩人・彫刻家です。

記念館は民芸運動に参加した寛次郎が、日本各地の民家を参考にして設計した住居を公開しています。素朴でありながら、モダンに洗練されていて、どの時代にあったとしても新しさを感じる家です。

寛次郎は、たくさんの書も残しているのですが、中でも「暮しが仕事　仕事が暮し」という言葉が、すーっと自分の中に入ってきました。日常の生活、仕事の中に「美」を発見し続ける寛次郎のセンスは、わたしの憧れです。こんな風に生きていけたらどんなに素敵だろうという思いが高まり、自分の生きるやじるしをみつけたような気持ちになりました。

どんなところにでもいる自分をみつけられる人になりたい。
だからこそ、もっとたくさんの仕事をしたい。
だからこそ、もっと家族を大事にしたい。
だからこそ、もっと丁寧に暮らしたい。

大事なものは近くにある。自分の手の中にあるのだから、それをみつけられるあなたでいなさいと、寛次郎に教えられた気がしたのでした。

Data

河井寛次郎記念館
京都府京都市東山区五条坂鐘鋳町569
tel：075-561-3585
開館時間：10:00～17:00
（入館受付は16:30まで）
休館日：月曜
（祝日の場合は開館、翌日休館）

暮れの錦で正月の買い物

毎年、母親と京都の錦市場まで正月の買い出しにでかけています。わざわざ大阪から京都に行くようになったそもそものきっかけは、正月の京都のあちこちで飾られている餅花に興味があったからです。「餅花ってどこに売ってるのかな？　年末の錦の花屋に行ったらあるかも！」と思ったのがきっかけでした。

案の定、花屋さんの店の奥では、家族総出で餅花作りの真っ最中！　思わずじーっと作り方を見ていたら、「この年末の忙しいときに！」と言いながらも、餅花の作り方を教えてくれました。それ以来、餅花作りもわたしの年末仕事です。

錦には、わたしの大好きな「日本の季節のカザリモノ」がたくさんあり、どれも、お正月らしく、華やかでおめでたいものばかり。ここに来なくては買えないものなので、毎年足を運ぶようになりました。

まずは喜久屋の菊水花卵。黄色と白の魚素麺《そうめん》でひとつひとつ作られた花飾りです。わが家の白味噌のお雑煮にはこのかわいい花がふわりと咲いています。

次におせちのあしらいや、お煮しめに使う飾り切りの野菜たち。八百屋の店先に亀形のタケノコや、松ぼっくり形のくわい、花形の百合根などが、ずらりと並んでいます。いつも数種類買って、楽しんでいます。

細工物で忘れてはいけないのが、丸亀、丸常の手作りの祝いかまぼこ。羽子板、鶴、紅白結びなど、食べるのがもったいないほど愛らしい。でも食べてみるときちんとおいしいのが、やっぱり京都。「錦まで来たかいあったな〜」と思わせてくれます。

しめ縄《なわ》と根引き松も、錦市場の露店で必ず買っています。根引き松は、京都独特のもので、紅白の水引を結んだ一対の根がついた若松のこと。門松と同じで歳神さまを家に迎えるときのめじるしになります。シンプルなので、マンションの玄関にも似合うところが気に入っています。

そのほかに買うのは、三木鶏卵のだし巻卵、京丹波の黒豆と栗。焼きポン、三京水産のぶぶうなぎ、打田の漬物。どれも、まちがいなしのおいしさです。

実家へ帰省して、母親といっしょに歳末の活気あふれる錦市場で正月準備の買い物をすると、もう少しで今年も終わるんだなあと実感します。

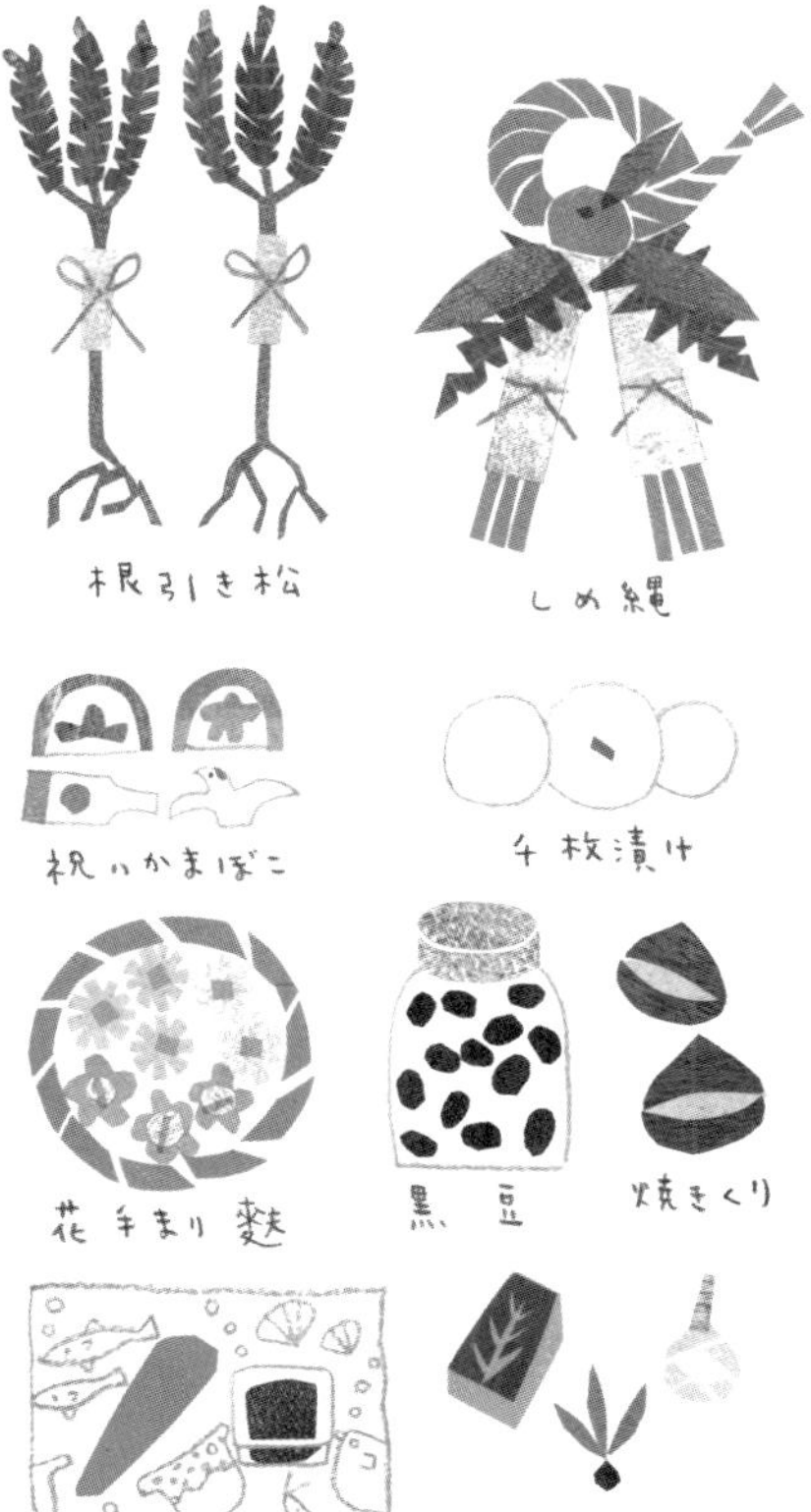

自分の「好き」に気づけた旅

倉敷川沿いに並ぶ白壁となまこ壁の古い街並みは、わたしの大好きな場所です。江戸時代の蔵や商家など古い建物が保存され、今も現役で使われています。

はじめて行ったのは美大生の頃でしたが、二十年近くたってもまだ影響を受けているのが大原美術館と倉敷民芸館と日本郷土玩具館です。

大原美術館には、世界的に有名な名画もあるのですが、わたしが感銘を受けたのは、工芸館にある芹沢銈介の型染めの作品や棟方志功の版画です。素朴な手仕事のあとが見える作品に、自分もこんな作品を作りたいと夢中になりました。

倉敷民芸館では、芸術品ではない日用品が美術品のようにガラスケースに入って展示されています。実際に暮らしの中で使われていた、名もなき人の作った実用品ばかりです。

「用美」（用いるために作られたものは美しい）という言葉を知ったのもこの頃でした。それからは、お茶碗をひとつ買うときでも、健康で美しいデザインを選ぶよう心がけています。いいものは、何度使っても、何年使っても、使うたびに新鮮な気持ちにさせてくれます。

近くには日本郷土玩具館もあり、今でも続いている郷土玩具蒐《しゅう》集《しゅう》もこの頃からはじまりました。

倉敷への旅がきっかけで出会った民芸は、自分の成長とともに、ずっとそばにいてくれています。

小さな旅がきっかけで、ずっと変わらず興味のあるものに出会うことができました。こんな経験をしたからこそ、新しい自分を刺激する何かに出会いたくて、旅に出たくなるのかもしれません。

Data

大原美術館

岡山県倉敷市中央1-1-15
tel：086-422-0005
開館時間：9:00～17:00（入館受付は16:30まで）
休館日：月曜（祝日の場合は開館。
夏期、10月、11月は無休）

倉敷民芸館

岡山県倉敷市中央1-4-11　tel：086-422-1637
開館時間：3月～11月＝9:00～17:00
（入館受付は16:45まで）
12月～2月＝9:00～16:15（入館受付は16:00まで）
休館日：月曜（祝日の場合は開館。
8月は月曜も開館）、年末年始

日本郷土玩具館

岡山県倉敷市中央1-4-16
tel：086-422-8058
開館時間：9:00～17:00
休館日：1月1日

子どもとてくてく飴《あめ》ちゃんツアー

無類の飴ちゃん好きの子どもたちと、飴ちゃんツアーにでかけたのは、谷根《やね》千《せん》と呼ばれている谷中、根津、千駄木界隈。まずは根津神社の参道にある懐かしい店構えのお店、「小石川金太郎飴」へ。奥ではおじいさんが、あんこ飴作りの真っ最中です。レトロな木枠のガラスケースにはいろんな手作りの飴が並んでいて、金太郎飴、茶飴、べっこう飴、あんこ飴を購入。想像通りの素朴な味に気分もほっこり。

ちょうど根津神社に縁日が出ていたので、娘の大好物「あんず飴」のルーレットにチャレンジ。わたしの地元、関西にはあんず飴がないのですが、氷の上のカラフルなフルーツと水飴は涼しげで、夏の縁日には必ずあってほしいと思うものになりました。ルーレットを回して、当たりが出ると二個、三個などもらえるのですが、残念ながら今回は一個。見るのはきれいでも、食べてるうちにねちゃねちゃのでろんでろんになるのは分かりきっているので、一個で十分と母は胸をなでおろします。

次に向かったのは、団子坂上にある「あめ細工　吉原」です。ここは縁日でおなじみの飴細工を目の前で作ってくれる、日本で唯一のお店です。お店には、見とれてしまうような美しい飴細工が並んでいます。子どもたちはどれを作ってもらうか散々悩んだあげく、わが家のペットと同じ「インコ」に決定。かぶりつきで職人さんの手元に釘付けです。ハサミでチョキン、チョキンと切るたびに、子どもたちは「おー！」と歓声をあげ、みるみるうちにインコができあがりました。職人さんに、「飴で作るのはとても熱くて難しいけど、キャラメルやソフトキャンディでも作れるよ」と教えてもらった六歳の息子は、その日からキャラメル細工職人になってしまいました……。

一粒ずつキャラメルを手で温め、丸め、ハサミで切り、見よう見まねでインコを製作。ひとつずつ、つまようじに刺して、お店さながら家の壁に並べています。「すごーい上手！」と褒めたけれど、母はちょっと食べるのは遠慮したいかもと思っていたら、全部自分でおいしそうに喜んで食べておりました。
日暮里の駄菓子問屋街にも行ってみたいと思っていたのですが、駅前再開発事業のため二〇〇四年に取り壊されたとのこと。それならと、谷中のよみせ通り手前の駄菓子屋「木村屋」に、行ってみました。ガラスと木枠のケースに並べられた駄菓子が、昭和へタイムスリップしたような昔懐かしい風情を作っています。子どもたちは、ひとり二百円を握りしめ、店内に入ったっきり三十分以上出てきませんでした。

Data

小石川金太郎飴
東京都文京区根津1-22-12
tel：03-5685-3280
営業時間：10:00〜18:00
定休日：月曜

あめ細工　吉原
東京都文京区千駄木1-23-5
巴ビル1階
tel：03-6323-3319
営業時間：12:00〜19:00
定休日：月・火曜
（祝日は営業）

駄菓子　木村屋
東京都文京区千駄木3-40-19
tel：03-3821-2010
営業時間：12:30〜18:00

露地裏のんびり散歩

わたしが谷中の露地裏をぶらぶら歩いていて一番ぐぐっときたもの、それは「軒先園芸」です。どの民家やお店の軒先にも、大小いろいろな植木鉢がところ狭しと並べられています。しかも、どれもいい感じにほったらかしにされ、のびのび生き生きとしています。庭のない長屋ならではの楽しみ方ですが、土のないことが信じられないくらい、植木鉢のおかげで街全体が緑の青々と茂った景色になっています。植木鉢が並べられている軒下のあいまいな境界線がまた、いいんです。誰の邪魔にもならないよう家の壁に沿って並べられてはいるのですが、「あなたの家の鉢植えは、道路に出すぎて邪魔よ！」とか「あなたのところの葉っぱが落ちて不愉快よ！」なんて言う人はいないんだろうなあと想像してしまうほど、ゆったりあいまい。そこに、この街に暮らす人のつつましさや、人情が表れているような気がしました。どんな細い露地裏でも軒先園芸を楽しんでいて、どこを見てもあったかい気持ちになりました。

軒先園芸のいいなあと思うところは、鉢の並べ方も花の色も計算されていなくて、無愛想なところです。でもよく見ると、花台が手作りだったり、生活用品のリサイクルで発泡スチロールや漬物バケツが鉢になってたり、どんどん増える多肉植物が小さな鉢植えで株分けされていたりして、植物への愛情が感じられるところにキュンときてしまいます。

そんなあたたかい人たちが住む谷中界隈《かいわい》だからこそ、このあたりには猫も引き寄せられて、たくさん住んでいるのでしょう。

子どもと非日常にトリップ

ときどき、子どもといっしょに、小さな非日常への旅にでかけます。

たとえば夜、家じゅうの電気を消してみる「昔の人ごっこ」。家の中を真っ暗にしてみると、トイレに行くのも心細くなったり、ろうそくの影がものすごく大きかったり、月が明るいことに気づいたり、ベランダから虫の声が聞こえたり……。いつもの暮らしが全然違って見えるのが、おもしろいです。

わが家には、「お月見ピクニック」という恒例行事もあります。九月の満月の日に、夜の公園へピクニックに行くのです。もちろんススキとお弁当持参です。お弁当を食べたあと、誰もいない真っ暗な夜の公園で遊べる子どもたちは大喜び。九月の夜は寒くも暑くもなくて、芝生にピクニックシートを敷いて、あったかいコーヒーを飲みながらお月見するのにちょうどいい季節です。毎年きれいなまん丸の月に照らされながら、そろそろ秋だなあなんて思います。

そして、小さな非日常への旅のきわめつけは、「玄関キャンプ」。車もなく、アウトドア派でもない両親のもとで、いつもキャンプやバーベキューに憧れている子どもたち。たまたま、夏休みに家族ぐるみで仲良くしている九歳の娘の友だちが泊まりに来たので、娘が前からやりたがっていた「玄関キャンプ」を実行してしまいました。

おもちゃのテントをマンションのドアの外に張って、テントの中に布団を敷いて一晩を過ごしたのです。どうせ、眠れなくて夜中には、家の中に戻ってくるだろうと思っていたら、戻ってきたのは五歳の息子だけ。夜中の三時にそーっとドアを開けて見に行ったら、テントの中は暑いらしく、玄関前で上半身テントからはみ出て爆睡している二人の小学四年生の姿……。朝起きたら、すぐに布団を片付けて、朝ごはんもしっかりテントの中で食べて、キャンプ気分を満喫していました。次の日、マンションのお隣さんに「ほんとに、朝まで寝たの?」と驚かれてしまいました。そりゃ、そうです。もう二度とはない経験です。っていうか、こんな場所で寝られるってすごい！

小さな頃の自分に出会う旅

遠くにでかけなくても、心動かされる旅がありました。それは、小さな頃の自分に出会う旅です。

わたしは大学を卒業するまで、大阪の郊外にある団地ばかりが並んでいるニュータウンで育ちました。十代の終わり頃からは早くここから出たいとばかり思うほど、どこに行くにも不便で何もない街。今は実家の両親も、もう少し便利なところに引っ越しているので、生まれ育った街に帰ることはありませんでした。でも、自分に子どもが生まれて公園で遊ぶようになると、ふと、自分が小さな頃に遊んだ公園に子どもを連れていってみたくなりました。

わたしにとっては隅から隅まで知っている場所に、夫と子どもを連れていくのはなんだか恥ずかしいようなうれしいような気持ちです。街に着いたとたん、なんとなく自分が、ガリバーかアリスにでもなったような気分になりました。

大人になってから街を出たので、その時点から自分は大きくなっていないはずなのに、すべてが小さく見えるのです。ブランコも鉄棒も、砂場のうさぎとかめも、こんなに小さかったかしら？

街を歩いていくうちに、子どもの頃の感覚を自分の中に感じはじめました。ブランコをしているときの鎖の冷たさ、砂を触ったときの感触、山の匂い、雨の匂い……。もしかしたら、七歳の自分も今を生きてるんじゃないか、特別なメガネで見たら、公園で遊ぶ小さな頃の自分が見えるんじゃないかと思ってしまったほどです。

小さな頃の自分に出会って、「つながっている自分」というものを意識するようになりました。過去の自分が自分の中に存在していたことをはっきりと確認したからです。今日の自分も未来の自分につながっているんだから、一日一日を丁寧に生きよう、そんな風に思うようになりました。

地元のお菓子と郷土玩具

関西に住んでいる頃は、京都の「きょ」の字にも、奈良の「な」の字にも興味がなかったのに、今は帰省するたびに地図を片手にでかけています。生まれ育った街、大阪・堺に対しても同じで、年を重ねるたびに郷土を思う気持ちが募り、もっと知りたいと思うようになりました。

堺は千利休が生まれ育った街だからか、おいしい和菓子屋さんがあります。必ず行くのは「かん袋」というくるみ餅屋さんです。かん袋という店の名前は、なんと豊臣秀吉が命名したという歴史のあるお店です。

商品はくるみ餅のみですが、わたしは冬でも「氷くるみ」というかき氷がトッピングされているものを注文します。濃厚なあんとやわらかい餅をさっぱりと食べられます。くるみ餅といってもクルミが入っているわけではなく、お餅をあんでくるんでいるから、くるみ餅というそうです。仙台のずんだ餅に、少し似ている気もしますが、堺でしか食べられない味なのは、まちがいなしです。

さらに、今では廃絶してしまった南蛮人形という、かつては堺で作られていた郷土玩具を、この店で復元、販売しています。

「八百源来弘堂本店」の肉桂《ニッキ》餅(ニッキ餅)も、その昔、南蛮貿易で栄えた堺だからこそ生まれた歴史ある和菓子です。当時、輸入品だったニッキ(シナモン)をほわほわのやわらかいお餅に練りこみ、上品な甘さのこしあんをくるんでいます。包み紙の異国情緒たっぷりな南蛮行列の絵がおしゃれで、贈り物にしても喜ばれます。

　わたしが長年蒐集している郷土玩具の中でも、一番のお気に入りたちが、堺からすぐ近くの住吉大社で授与されています。

　夫婦円満、安産を願う「睦犬」、しあわせの種を分けてくれる「種貸さん」、商売繁盛を願う招き猫「はったつさん」、お金持ちになれる「金持ち犬」など、どれもほんわか、おもしろ、あったかく、関西のソウルを感じるものばかりです。かつては、堺で作られていたそうですが、残念ながら廃絶し、今は京都・伏見で生産されています。

Data

かん袋

大阪府堺市堺区新在家町東1-2-1
tel：072-233-1218
営業時間：10:00〜17:00
定休日：火・水曜
（祝日は営業）

八百源来弘堂本店

大阪府堺市堺区車之町東2-1-11
tel：072-232-3835
定休日：日曜

住吉大社

大阪府大阪市住吉区住吉2-9-89
tel：06-6672-0753

「ただいま」と家に帰って

わたしはいつも、みつけ屋さん

『長靴下のピッピ』のお話の中で、ピッピが「あたしは、みつけ屋さんよ」と言っています。みつけ屋さんってなに？　と聞くと、「ものをみつける人のことよ。世界のいろんなところに、いろんなものがいっぱいかくれているから、だれかが、みつけてあげなくちゃ。それがみつけ屋さんの仕事なの」。

この場面を読んだとき、わたしもピッピと同じかも、と思いました。

子どもの頃、砂場の砂から、砂粒ほどの小さな小さな巻貝をみつけるのが大好きでした。山に遊びに行ってはどんぐりを拾うのが大好きでした。

大きくなるにつれ、巻貝やどんぐりは、言葉になったり気持ちになったり、人になったり、いろいろなものに変わってきていますが、やっぱり変わらず、わたしは今も「みつけ屋さん」です。

この世に同じ人は二人といません。だからこそ、わたしがみつけられるものがあると信じています。そんな、たったひとつだけのものをいっぱい集めたい。もしかするとそれは、すごく遠くにあるかもしれないけれど、今座っている家のソファの下にころがっているものかもしれません。

目には見えない誰かが、落としていった小さな木の実をひとつひとつ見逃さないように拾う。そんな風に生きていけたらいいなと思っています。

旅は人生の必要経費

わたしは、たまに贅沢をしても「いいのかな？　だいじょうぶかな？」と思ってしまいます。スーパーでも賞味期限より、値段のほうに先に目がいってしまうような貧乏性ですが、自分で仕事をするようになり、画材や書籍、文房具など仕事に使うものは、躊躇《ちゆうちよ》せずにいいものを買おうと思うようになりました。

「旅」もわたしにとっては、画材と同じように必要なものという位置づけです。

旅で得られるものは、生きていく上での大事な感性を作ってくれると思っているからです。今までの人生を経験とカンでなんとか生きてきましたが、旅はそれを活かしつつ、鍛錬できる絶好の機会。昔から勉強は苦手で、何度同じ文章を読んでも頭に入ってこないのですが、自分の目で見たこと、感じたことだと深く心に入ってきます。旅は自分自身を広げてくれるものなので、旅に行きたいわくわくをいつまでも持ち続けていたいと思います。

「必要経費」は、人によって、洋服だったり、食べ物だったり、お芝居だったり。他人には「もったいない」「考えられない」「ただの道楽だ」と思われそうなことでも、自分にとって大事なものに堂々とお金を使えるのは、仕事を持つ大人だからこそできることかもしれません。

もしかすると、そこまで大きな決意をしなくても、休日に近所を散歩しながらみつけた雑貨に心ときめいて買ってしまうことだって、自分の心を満たす小さな旅だとも思えてきます。

感じるために探す

一度、人気の雑貨屋が企画した「チェコとドイツで雑貨を買い物するツアー」に参加しました。蚤の市、手芸屋さん、文房具屋さん、人形劇観賞など、雑貨好きの女子心をくすぐる内容なのに、その旅の記憶があまりありません。どこに行って、何を買ったという事実だけしか覚えていなくて、その場所まで何に乗っていったかとか、街の風景などがぼんやりしています。

きっと、すべて手配されていたので、偶然の出会いや自分だけの発見がなかったせいです。今までみゆきちゃんと、十カ所以上旅をしたけれど、彼女にもこのツアーの記憶はうっすらとしか残っていない様子。けっして、楽しくなかったわけではないのですが、思い出せることが、ほかの旅よりもすごく少ないのです。

「連れていってもらう」のと、「自分たちで探していく」のには、大きな大きな違いがあるようです。「感じること」は、受け身ではできなくて、自発的なこと。

気づいたとたん、ドキッとしたことがもうひとつ。

「これって、人生においても同じかも」

誰かに言われたとおりに生きていくのは、もったいない。たとえ、最後には同じ場所にたどり着けるとしても、迷ったり、あきらめたりしながら、自分だけの生き方、感じ方、歩き方をみつけるほうが断然おもしろいと思います。

旅も人生も、たどり着くことより、たどり着くまでが楽しくて、大事なのかも。

それでも母は旅に出る

「子どもがいても旅に行けること」に感謝する気持ちのほうが強いので、子どもを置いていくときも、うしろめたさを感じません。だって、二、三年に一度、ほんの一週間程度、離れるだけなのですから。

旅から帰ってくると、おねえちゃんは毎晩、メソメソ泣いて大変だった、弟はおねえちゃんのように発散できず、全身にジンマシンが出て病院に連れていった、など数々のかわいそうな話を聞きます。

でも、それだけ親子のきずなが深いということ。ふだんの暮らしに戻れば、すぐに子どもたちは元気になります。むしろわたしは、泣き叫ぶ子どもの世話をしてくれる人に申し訳ないという気持ちのほうが強いです。十分な謝礼を払うことはとてもできないですが、気持ちばかりの謝礼を母親、義理の妹に、きちんと払うようにしています。

子どもたちにも、「がんばってくれてありがとう！　おかげでいい旅ができたよ」と必ず伝えています。この先もっと大きくなったら、自由に旅に行く責任を自分で持てる人に成長してほしいと思っています。

待ってる人がいるしあわせ

今の時代、携帯電話ひとつあれば、隣にいるみたいに話ができますが、家族と離れた旅の間は、なるべく連絡を取らないようにしています。自分に集中できるチャンスを無駄にしたくはないし、そのためにみんなにわがままを言って旅に来ているのですから。

家族と離れひとりになることで相手を深く思う時間は、とても貴重な時間。わたしは、自分のしあわせは家族のしあわせにつながると思っています。母として子どもを照らす役目があるし、人として夫や親や兄弟、友だちを照らせる人でありたいなと思っています。

自分に都合のいいことばかり言いながら、好き勝手なことをするわがままなわたしを家族はもうあきらめているとは思うのですが、いざ離れてしまうとお互いさみしくて、会いたい気持ちは募るばかり。離れて家族とつながれる、これも旅の醍醐味《だいごみ》かもしれません。

旅の終わりはいつもしあわせでおなかいっぱい

子どもたちとでかけると、いつもと違う一面をみつけたり、大きくなったなと気づいたりすることがよくあります。場所が変わると人は「好き」に敏感になる。これは大人も子どもも同じこと。そんな子どもたちの一面に出会えると、母としてなんだかうれしくなります。

また、今日でもう旅はおしまい、明日の今頃はもう家だという日も、いつも同じ気持ちになります。長かったような、短かったような。いつまでもここにいたいような、早く帰りたいような気持ち。

最終日に初日のことを思い出すと、もうずっとずっと昔のことのようです。でも、そう思えるということは、それだけ充実した一日、一日を過ごせたしるし。無事に旅を終えられることに感謝の気持ちがあふれます。

海外から重たい荷物を引きずり、やっとの思いで家に着くと、玄関先まで走って迎えてくれる子どもたちは少し大きくなったよう。たった一週間離れていただけのわが家が、とてつもなく懐かしく、新鮮に感じられるのが不思議です。みんなの笑顔を見たら、おみやげでぱんぱんにふくらんだスーツケースと同じくらい、わたしの心もしあわせでいっぱいになります。

ありがとう。ただいま。

明日から新しい毎日がはじまります。

仲良くしているママ友が、「この夏、友だちとの旅行を十五年ぶりにしたの。たった一泊二日だったけど楽しかった！」と話してくれました。子どもが中学生、高校生になって、そんな時間や気持ちの余裕が出てきたのだそうです。主婦が家族以外の人と旅に行くというのは、これだけハードルが高いものなんですね。

友だちとの旅は二、三年に一度行っている私ですが、この気持ちも分かるんです。実は十五年、映画館で映画を見てないんです（子ども映画はありますよ）。旅は仕事を続ける自分に必要なものと自分で決めているので時間を作ることができるのですが、映画は私にとっては「娯楽」の位置づけ。なんとなく、家族にうしろめたい気持ちになって、心から映画を楽しめそうにないのです。

結婚前はレイトショーを見に行ったり、ミニシアターをはしごしたりするほど好きだったのですが、今は映画を見る二、三時間があったら、家事や仕事、子どもとの時間など、映画よりも優先順位が高いことが山ほどあるので後回しにしてしまいます。それに、夜中にビデオで見ればいいや、と思ってしまうんですよね。今はまだ、下の子どもが小さいので、映画を見る気持ちの余裕がありませんが、映画を見に行くのは私の数年後のお楽しみなのです（そんなことを言いながら、あと五年もしたら、むしろ時間つぶしに映画を見に行っているかもしれません）。

旅は、しなくても生きていける「娯楽」だけれど、新しい自分を発見したり、大事な気持ちを思い出したり、旅に行かなくては見えないものもたくさんあります。これからは、育児から手が離れ、気持ちと時間の余裕ができたママ友たちと、いっしょに旅に行きたいなと思っています。

この作品は二〇一一年十一月小社より刊行されたものです。

幻冬舎文庫

●最新刊
帝都東京華族少女
永井紗耶子

明治の東京。千武男爵家の令嬢・斗輝子は、住み込みの書生たちを弄ぶのが楽しみだが、帝大生の影森にだけは馬鹿にされっぱなし。異色コンビが手を組んで事件を解決する爽快&傑作ミステリ！

●最新刊
ぐるぐる七福神
中島たい子

恋人なし、趣味なしの32歳ののぞみは、ひょんなことから七福神巡りを始める。恵比須、毘沙門天、大黒天と訪れるうちに、彼女の周りに変化が起き始める。読むだけでご利益がある縁起物小説。

●最新刊
魔女と金魚
中島桃果子

無色透明のビー玉の囁きを聞き、占いをして暮らしている魔女・繭子。たいていのことは解決できるが、なぜか自分の恋だけはうまくいかない。仕事は発展途上、恋人は彼氏未満の繭子の成長小説。

●最新刊
まぐだら屋のマリア
原田マハ

老舗料亭で修業をしていた紫紋は、ある事件をきっかけに逃げ出し、人生の終わりの地を求めて彷徨う。だが過去に傷がある優しい人々、心が喜ぶ料理に癒され、どん底から生き直す勇気を得る。

●最新刊
天帝の愛でたまう孤島
古野まほろ

勁草館高校の古野まほろは、演劇の通し稽古のために出演者達と孤島へ渡る。しかし滞在中、次々とメンバーが何者かに襲われ、姿を消してしまい……。絶海の孤島で起こる青春ミステリー！

幻冬舎文庫

●最新刊
青春ふたり乗り
益田ミリ

放課後デート、下駄箱告白、観覧車ファーストキス……甘酸っぱい10代は永遠に失われてしまった。やり残したアレコレを、中年期を迎える今、懐かしさと哀愁を込めて綴る、胸きゅんエッセイ。

●最新刊
走れ！　T校バスケット部6
松崎　洋

N校を退職した陽一はT校バスケ部のコーチとして後輩の指導をすることに。だがそこには、自己中心的なプレイばかりする加賀屋涼がいて……。バスケの醍醐味と感動を描く人気シリーズ第六弾。

●最新刊
キリコはお金持ちになりたいの
松村比呂美

薬などを転売して小銭稼ぎを続ける看護師・霧子は、夫のモラハラに苦しむ元同級生にそっと囁いた。ろくでなしの男なんて、死ねばいいと思わない？　底なしの欲望が炸裂、震慄ミステリ。

●最新刊
クラーク巴里探偵録
三木笙子

人気曲芸一座の番頭・孝介と新入り・晴彦は、贔屓客に頼まれ厄介事を始末する日々。人々の心の謎を解き明かすうちに、二人は危険な計画に巻きこまれていく。明治のパリを舞台に描くミステリ。

●最新刊
密やかな口づけ
吉川トリコ　朝比奈あすか　南　綾子
中島桃果子　遠野りりこ　宮木あや子

娼館に売り飛ばされ調教された少女。SMの世界に足を踏み入れてしまった地味なOL。生徒と関係を持ってしまうピアノ講師。様々な形の愛が描かれた気鋭女性作家による官能アンソロジー。

幻冬舎文庫

●最新刊
オンナ
L・i・L・y

30歳になってもまだ処女だということに焦る女、婚約者が他の女とセックスしている瞬間を見てしまった女……。女友達にも気軽に話せない、痛すぎる女の自意識とプライドを描いた12の物語。

●好評既刊
ナインデイズ
岩手県災害対策本部の闘い
河原れん

東日本大震災発災にあたり、最前線で奮闘した岩手県災害対策本部。何ができて、何ができなかったのか。その九日間を膨大な取材をもとに克明に綴った、感動のノンフィクションノベル。

●好評既刊
心を整える。
勝利をたぐり寄せるための56の習慣
長谷部　誠

心は鍛えるものではなく、整えるもの。いかなる時でも安定した心を装備することで、常に安定した力と結果を出せると長谷部誠は言う。136万部突破の国民的ベストセラーがついに文庫化！

●好評既刊
緊急取調室
井上由美子・脚本
相田冬二・ノベライズ

緊急取調室で真壁有希子を待っていたのは、厄介な被疑者ばかり。自身の言葉だけを武器に、欲や涙で塗り固められた真実を彼女は見抜けるのか？　刑事と被疑者の攻防を描く新しい警察小説。

●好評既刊
ジャッジ！
澤本嘉光

サンタモニカ国際広告祭で審査員をすることになった落ちこぼれクリエーターの太田と、同僚のひかり。二人を待ち受ける、陰謀渦巻く審査会。恋と仕事、人生最大の審査〈ジャッジ〉が始まった！

女《おんな》おとな旅《たび》ノート

堀川波《ほりかわなみ》

平成26年2月10日　初版発行
令和5年7月30日　4版発行

発行人――石原正康
編集人――高部真人
発行所――株式会社幻冬舎
〒151-0051東京都渋谷区千駄ヶ谷4-9-7
電話　03(5411)6222(営業)
　　　03(5411)6211(編集)
公式HP　https://www.gentosha.co.jp/
印刷・製本―株式会社　光邦
装丁者――高橋雅之

幻冬舎文庫

ISBN978-4-344-42159-2　C0195　ほ-9-1

この本に関するご意見・ご感想は、下記アンケートフォームからお寄せください。
https://www.gentosha.co.jp/e/